La cathédrale Saint-André

De styles roman et gothique, c'est un vrai livre d'histoire jusqu'au sommet de son clocher, la **tour Pey-Berland**, éloignée de quelques dizaines de mètres. De là-haut, vous aurez une vue panoramique sur la ville. **Voir p. 87.**

La place de la Bourse

Chef-d'œuvre de l'architecture classique du XVIIIe s., son reflet dans le **Miroir d'eau** est devenu l'une des images emblématiques du Bordeaux moderne. **Voir p. 37.**

La place des Quinconces

La plus grande place de France rend hommage, par sa taille et sa statuaire, à la liberté ; un joli pied de nez à la vocation première oppressive des lieux qui accueillaient le château Trompette, forteresse bâtie pour surveiller les Bordelais. **Voir p. 20.**

La Grosse Cloche

Dans l'ambiance un peu bohème du quartier Saint-Paul, le beffroi de l'ancien hôtel de ville est l'une des plus grandes fiertés des habitants. Il figure d'ailleurs sur le blason de la ville. **Voir p. 60.**

Les quais de la Garonne

Deux rives, deux ambiances ! Du pont de Pierre au pont Jacques-Chaban-Delmas, le Bordeaux classique sur la rive gauche rivalise avec le Bordeaux nouveau sur la rive droite. **Voir p. 142.**

La place de la Comédie et le Grand Théâtre

Le Grand Hôtel et le Grand Théâtre se font face, rivalisant d'ors et de faste. Entre les deux bâtisses, le tram glisse et rappelle que Bordeaux est bel et bien entrée dans le XXIe s. **Voir p. 24 et 25.**

Le CAPC – musée d'Art contemporain de Bordeaux

Reconnu internationalement pour la qualité des œuvres contemporaines exposées, le CAPC est également un exemple magistral de réhabilitation architecturale. **Voir p. 112.**

La rue Sainte-Catherine

C'est la plus longue artère commerçante piétonne d'Europe. À faire trembler d'excitation les accros au shopping en tout genre. **Voir p. 40.**

BORDEAUX

BASSIN D'ARCACHON, VIGNOBLES

Son nom fait tourner les têtes, comme la ville fait tourner ses vins dans les verres du monde entier. Mais on aurait tort de ne l'associer qu'à l'univers vinicole car, à Bordeaux, c'est d'histoire et de patrimoine que l'on s'enivre aussi. La ville peut ainsi s'enorgueillir d'avoir le plus grand centre urbain au monde inscrit au Patrimoine mondial par l'Unesco. Marquée à jamais par l'histoire de son port, elle cultive un art de vivre tout en en embrassant pleinement l'air du temps : en témoignent la Cité du Vin, la friche urbaine de Darwin ou encore les Bassins des Lumières. Après avoir goûté au « Bordeaux nouveau », filez sur l'une des routes des vins qui entourent la capitale girondine, ou prenez le large en direction du bassin d'Arcachon et des plages de l'Atlantique. Une certaine idée du paradis.

Presqu'île du cap Ferret

LES INCONTOURNABLES

La Cité du Vin

Le nom de Bordeaux évoque le vin dans le monde entier : le premier édifice exclusivement consacré au divin nectar ne pouvait que s'installer ici. Plus qu'un musée, ce lieu de médiation célèbre la dimension culturelle des vins de toutes les époques et de tous les pays. **Voir p. 124.**

Saint-Émilion

La réputation du premier vignoble à avoir été classé par l'Unesco est loin d'être surfaite : c'est un bijou ! Tout comme la cité médiévale en son sein, dont le pavé irrégulier se foule en toutes saisons. **Voir p. 150 et 162.**

La dune du Pilat

Se croire en plein désert à moins d'1h de Bordeaux, c'est possible ! Après avoir gravi la dune du Pilat, la plus haute dune de sable d'Europe, on savoure la vue exceptionnelle sur le bassin d'Arcachon d'un côté, sur la forêt de pins de l'autre. Voir **p. 178.**

EXPÉRIENCES UNIQUES

Retrouver ses 10 ans...

... en marchant pieds nus, en s'éclaboussant ou en se cachant dans la brume du Miroir d'eau ! **Voir p. 37.**

S'émerveiller du Bordeaux Nouveau...

... dans une caserne réhabilitée en système écoresponsable. Darwin Écosystème multiplie les concepts et propose une façon différente de consommer, de travailler, d'interagir. **Voir. p. 136.**

Clubber jusqu'au matin dans un ferry...

... reconverti en boîte de nuit. Joignez-vous aux danseurs de l'**IBOAT** pour ranimer le quartier portuaire de Bordeaux, orphelin de ses marins depuis 100 ans, mais qui n'a pas été réduit au silence ! **Voir p. 132.**

Observer le « pont Ba-Ba » se lever...

... au passage d'un bateau de croisière ou d'un superbe voilier, et applaudir comme un enfant une fois la manœuvre accomplie. **Voir p. 126.**

Jouer l'œnotouriste...

... en visitant l'une des 60 appellations du **vignoble bordelais** et s'offrir une nuit dans un foudre en plein cœur de vignobles classés. **Voir p. 122 et p. 158.**

Maîtriser l'art du cannelé...

... en apprenant à préparer la plus bordelaise des pâtisseries, version traditionnelle mais aussi – plus surprenant – en déclinaison salée. Vous verrez, ce n'est pas si sorcier et c'est « gavé bon ». **Voir p. 133.**

Voir une expo dans une base sous-marine...

... reconvertie en Bassins des Lumières, un centre d'art numérique. Les murs en béton de cet immense bunker construit par les Allemands dans les années 1940 offrent aux œuvres projetées un cadre totalement déroutant. **Voir p. 128.**

Prendre une droite au cap Ferret...

... ou plutôt tenter de se lever sur sa planche et découvrir les sensations de la glisse. Avec plus de 20 km de plages océanes, le cap Ferret est le paradis des surfeurs. Alors, ça farte ? **Voir p. 203.**

Faire un festin d'huîtres...

... les pieds dans le sable, en contemplant le Bassin. D'Arcachon au cap Ferret, on compte plus de 80 cabanes dédiées à la dégustation de la star locale ! Si vous avez envie de plus, embarquez avec un ostréiculteur en direction des parcs à huîtres, pour devenir incollable sur cet élevage exigeant. **Voir p. 183, 193 et 194.**

Se prendre pour Robinson Crusoé...

... en foulant le sable blanc du **banc d'Arguin,** cette île déserte entre Bassin et océan. Une journée au paradis, avec pour panorama le cap Ferret au nord, la dune du Pilat à l'est et le grand large à l'ouest. **Voir p. 182.**

NOS ADRESSES COUPS DE CŒUR

Restos authentiques ou bistronomiques, bars à vins ou à cocktails, boutiques gourmandes ou branchées... Notre auteure Anne a tout testé ! Voici ses adresses préférées à Bordeaux et dans les environs.

Lodge

Délice glacé : La Fabrique Givrée

Les meilleures glaces de Bordeaux. Le plus difficile est de choisir, car tout est délicieux... Mention spéciale au parfum pain grillé !

Voir p. 49, quartier 2, Saint-Pierre.

La Fabrique Givrée

Déco éthique : Lodge

Pour sa jolie vaisselle d'inspiration ethnique et réalisée à partir de matériaux éco-respectueux.

Voir p. 54, quartier 2, Saint-Pierre.

Auberge urbaine : Zéphirine

Une cuisine raffinée et de saison, qui se déguste dans une ambiance chaleureuse, comme à la maison.

Voir p. 97, quartier 7, De Gambetta à Mériadeck.

Divins nectars : Bar à Vin du CIVB

N'hésitez pas à pousser la porte de cet établissement cosy et élégant : il n'y a pas mieux pour découvrir les vins de Bordeaux.

Voir p. 29, quartier 1, Les Quinconces et le Triangle d'Or.

Zéphirine

Dunes Blanches Chez Pascal

Cuisine du cœur : L'Originel

J'y vais et j'y retourne pour son rapport qualité/prix exceptionnel et son accueil aux petits soins.

Voir p. 46, quartier 2, Saint-Pierre.

Pizzas authentiques : Capperi

La flemme de cuisiner ? Je choisis sans hésiter leurs délicieuses pizzas, qui peuvent aussi être emportées.

Voir p. 45, quartier 2, Saint-Pierre.

Gourmand-croquant : Dunes Blanches Chez Pascal

Ces petites pâtisseries sont réellement addictives, impossible de s'arrêter à une ! À retrouver au Cap-Ferret, mais aussi à Bordeaux et Arcachon.

Voir p. 202, visite 17, La presqu'île de Lège-Cap-Ferret.

UN GRAND WEEK-END SUR MESURE

Nous avons découpé la ville en 12 quartiers et proposons 5 escapades dans les environs. Évidemment, en trois jours, vous ne pourrez pas faire toutes ces balades. Alors suivez notre programme pour voir l'essentiel et prendre le pouls de la ville.

J1

Matin

Le matin, rendez-vous place Pey-Berland pour l'ascension de la tour éponyme et la visite de la cathédrale (quartier 6). Puis profitez des fastes de l'architecture bordelaise en admirant la fontaine de la place des Quinconces et en flânant place de la Comédie (quartier 1).

Monument aux Girondins

Après-midi

Optez pour un bain de culture au CAPC. En sortant, baladez-vous dans le quartier des Chartrons pour profiter de son atmosphère de village (quartier 9).

Soir

Au soleil couchant, admirez la place de la Bourse et le Miroir d'eau, éclairés de mille feux. Descendez les quelques marches menant au quai pour un apéro ou un pique-nique face à la Garonne (quartier 2). Si vous avez décidé de vous gâter, testez l'une des tables de chefs de la place de la Comédie (quartier 1).

J2

Matin

On se lève tôt : les huîtres du marché des Capucins vous attendent pour le petit déj' ! Baladez-vous ensuite dans le quartier Saint-Michel pour en découvrir la basilique et sa flèche (quartier 4). Vous avez ensuite rendez-vous avec LA célébrité bordelaise, la Grosse Cloche, dans le quartier Saint-

Paul. Laissez-vous porter par son ambiance bohème (quartier 3).

Après-midi

Après avoir déjeuné à l'un des stands des Halles de Bacalan, la journée se poursuit avec une visite de la Cité du Vin voisine (quartier 10). S'il vous reste un peu de temps avant le soir, mettez-vous au vert en vous baladant à travers les allées du Jardin public (quartier 8).

Soir

Un week-end à Bordeaux ne serait pas complet sans un dîner-tapas dans un bar à vins de la ville.

Flèche Saint-Michel

J3

Matin

Une fois votre chocolatine engloutie, direction le quartier Saint-Pierre (quartier 2), où vous pourrez déambuler et faire du shopping à loisir dans la rue Sainte-Catherine, ou suivre une visite guidée sur l'histoire de la ville.

Après-midi

Deux options sont possibles pour une escapade hors de Bordeaux, toutes deux réalisables en train. D'un côté, Saint-Émilion et son vignoble (visite 13), avec au programme visite de la cité médiévale et balade au milieu des vignes. De l'autre, une virée à Arcachon, où, après avoir profité de l'architecture et de l'ambiance balnéaires de la ville, un bus vous conduira à la dune de sable du Pilat (visite 15). Vous ne regretterez pas son ascension, promis !

Soir

De retour à Bordeaux, régalez-vous d'un plat typique du Sud-Ouest dans un restaurant traditionnel ou locavore du quartier Saint-Pierre (quartier 2).

SI VOUS PROLONGEZ VOTRE SÉJOUR

Les grands sites bordelais n'ont plus de secrets pour vous ? Vous voulez être surpris par le Bordeaux nouveau ou prendre un bol d'oxygène en explorant les environs ? Votre mission : nous faire confiance !

Chez Alriq, guinguette de la rive droite

Bassins à flot et Bacalan (quartier 10)

Partez à la découverte de Bordeaux nord et de son passé maritime. Ne manquez pas la visite de l'ancienne base sous-marine des Bassins à flot, reconvertie en Bassins des Lumières. Promenez-vous dans le quartier de Bacalan, en pleine mutation, avec un passage obligé aux Vivres de l'Art. Avec des enfants, optez pour une visite de Cap Sciences. Vous pourrez aussi admirer l'architecture futuriste du pont Jacques-Chaban-Delmas. Le soir, lâchez-vous à l'IBOAT, un club installé dans un ancien ferry.

Rive droite (quartier 11)

Offrez-vous un moment alternatif sur la rive droite et prenez un bouillon de culture moderne. Le pont de Pierre franchi, vous êtes accueilli par la sculpture du *Lion* de Xavier Veilhan. Baladez-vous ensuite dans le cadre arty et vintage de Darwin Écosystème. L'été, une pause dans le parc aux Angéliques s'impose avant de déjeuner dans un esprit guinguette Chez Alriq. Après quelques détours çà et là pour admirer le patrimoine XXe s. en pleine réhabilitation, vous pourrez terminer votre balade au Jardin botanique.

Victoire et Sainte-Croix (quartiers 5 et 12)

Place de la Victoire, vous êtes au cœur de la vie estudiantine bordelaise. Explorez le musée d'Aquitaine avant de vous rendre dans le quartier Sainte-Croix pour un cours de dégustation aux chais Millesima, ou tout simplement pour musarder dans l'ambiance village du quartier. Le soir venu, direction la Rock School Barbey pour un concert endiablé ou, en été, quelques pas de swing sur les quais.

Les rives de l'estuaire de la Gironde (visite 14)

Un patrimoine naturel méconnu et pourtant surprenant vous attend le long de l'estuaire. Celui-ci s'explore lors d'un *road trip* sur la rive droite, plantée de vignes et de fleurs, jusqu'à la citadelle de Blaye, ou rive gauche sur la célèbre route des châteaux du Médoc. Des croisières en bateau au départ de Bordeaux permettent aussi d'apprécier les paysages de l'estuaire.

Le bassin d'Arcachon (visites 15, 16 et 17)

Pour les non-motorisés, il est possible de se rendre en 1h de train depuis Bordeaux à Arcachon, d'où partent de nombreux bateaux effectuant la traversée du Bassin. Direction la presqu'île de Lège-Cap-Ferret où l'on déjeune d'un plateau d'huîtres les pieds dans le sable. Autre option, au nord du Bassin : Andernos-les-Bains, dont le port ostréicole possède lui aussi un charme indéniable. Découvrez l'art de vivre sur le Bassin en participant à un cours d'ouverture de coquilles ou partez en balade sur une pinasse ! Le must : une excursion pour un pique-nique sur le banc d'Arguin.

Cabane tchanquée sur le Bassin

VISITER BORDEAUX ET SA RÉGION

La Grosse Cloche

À SAVOIR

Visiter Bordeaux et ses environs

◗ Nous avons découpé Bordeaux en **12 quartiers** que vous pouvez tous visiter à pied. Pour aller d'un quartier à l'autre, nous vous recommandons la marche ou le V^3 (vélo en libre-service) pour savourer au mieux les charmes de la ville. Sinon, la ville dispose d'un large réseau de bus, trams et BatCub (navette fluviale).

Voir aussi l'encadré p. 201 pour se repérer dans la ville.

◗ Nous proposons également **5 escapades** dans les environs de Bordeaux : deux dans les **vignobles** et sur les rives de l'**estuaire de la Gironde** (visites 13 et 14) et trois sur le **bassin d'Arcachon** (visites 15, 16 et 17). Outre en voiture, l'estuaire de la Gironde et certains vignobles sont accessibles en bateau ou en bus ; le vignoble le plus proche de Bordeaux, celui de Pessac-Léognan, est facile d'accès à vélo ou en transports en commun. Arcachon est à moins d'1h de train de Bordeaux.

Cathédrale Saint-André

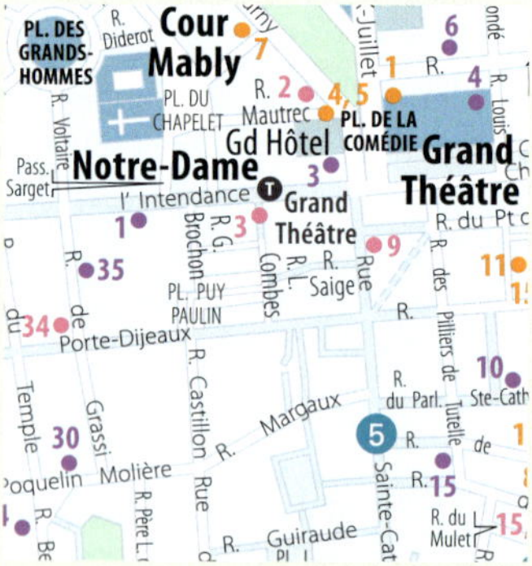

Lire les cartes

◗ Chaque visite est accompagnée d'un plan détaillé sur lequel nous avons placé tous les **points d'intérêt** du quartier.

◗ Les **pastilles de couleur** indiquent nos bonnes adresses de restos, de bars, et de boutiques. Le numéro de la pastille colorée correspond à celui attribué à chacune des adresses.

Nos conseils de visite

- Attention aux horaires, de nombreux sites ferment à 18h, voire à 17h, surtout hors saison.
- Pour éviter l'attente aux guichets de la **Cité du Vin** en haute saison, achetez à l'avance votre ticket, valable un an.
- Côté **vignoble**, hors saison et le week-end, appelez pour prévenir de votre venue et réserver une visite ; cela évite la déception de trouver porte close. **Saint-Émilion** met à disposition, chaque dimanche, une liste des châteaux ouverts sans réservation.
- Les balades en bateau dans le **bassin d'Arcachon** dépendent de l'**horaire des marées**, qui font apparaître et disparaître les langues de sable intérieures.
- Sur la presqu'île du cap Ferret, côté océan, **les vagues sont dangereuses.** Ne vous baignez pas en dehors des plages du Grand-Crohot, du Truc Vert, de la Garonne ou de l'Horizon, **surveillées de mi-juin à début septembre.** Même sur ces plages-là, soyez très vigilants, notamment avec les enfants.

Spécial petits budgets

- Le premier dimanche de chaque mois, un certain nombre de **musées sont gratuits à Bordeaux.** Pensez aussi aux **Journées européennes du patrimoine** ou encore à la **Nuit des musées.**
- Le **Bordeaux City Pass** donne accès pendant 1, 2 ou 3 jours aux incontournables de la cité et de ses environs, ainsi que des réductions sur certaines visites. Saint-Émilion propose aussi un système de ce type.
- Dans le vignoble, beaucoup de châteaux organisent des **visites gratuites ou à moins de 10 €.** Les **portes ouvertes** de chaque appellation sont aussi un très bon plan pour accéder aux domaines les plus prestigieux.

Infos Covid-19

Toutes les informations de ce guide ont été scrupuleusement actualisées. Néanmoins, compte tenu du contexte sanitaire, de nombreux sites sont amenés à restreindre leurs horaires d'ouverture, parfois à fermer l'accès à certaines salles ou à suspendre provisoirement démonstrations ou activités. Les consignes évoluent régulièrement. Nous vous recommandons de vérifier les horaires et conditions de visite de chaque lieu et adresse sur leur site internet ou leur page Facebook. Par ailleurs, de nombreux musées demandent de réserver la visite.

LES QUINCONCES ET LE TRIANGLE D'OR

1

C'est le cœur emblématique du « périmètre Unesco »; on ne sait où poser les yeux tant les monuments et les façades se donnent en spectacle! Jouxtant la place des Quinconces, le Triangle d'Or est délimité par trois artères où les boutiques déclinant l'art de vivre à la française rivalisent de faste : le cours Clemenceau, le cours de l'Intendance et les allées de Tourny. Mais ne soyez pas intimidé par le chic ambiant : les ors de ce triangle ne le rendent certainement pas guindé.

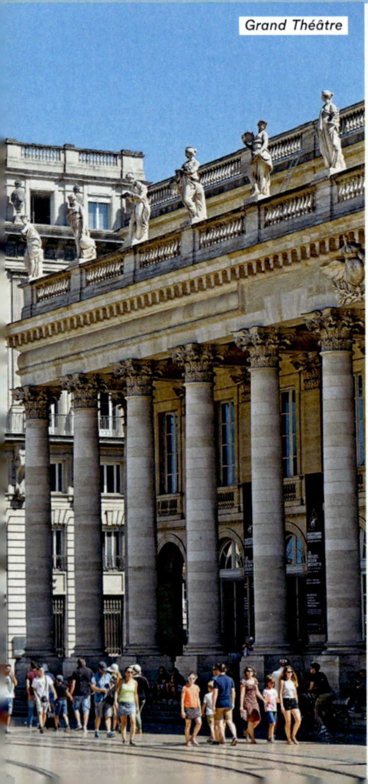
Grand Théâtre

1 Place des Quinconces+++

Lorsqu'on prend le temps de s'intéresser à l'histoire de Bordeaux, il est émouvant de réaliser à quel point ce lieu synonyme d'oppression est devenu, au fil des siècles, l'un des plus populaires et festifs. Comme si le temps invitait à danser, chanter, rire, en lieu et place de surveiller, voire d'emprisonner. L'esplanade des Quinconces est en cela un symbole très fort pour les Bordelais.

Ci-gît le château Trompette

De chaque côté de la place se trouve une jolie promenade ombragée par des arbres plantés... en quinconce (d'où le nom). Difficile d'imaginer qu'autrefois trônait ici une immense forteresse : le château Trompette. Pour le petit nom, ne vous y fiez pas : rien à voir avec

Monument aux Girondins

l'instrument ! « Trompette » est en fait la déformation de « Tropeyte », le nom du quartier environnant à l'époque de la construction du château au XVe s. Son rôle ? Ni princesse ni vignes : il devait, avec le fort du Hâ (p. 89), être un lieu de contrôle sur les Bordelais, jugés trop rebelles. Il fut détruit en 1818, tandis que Louis XVI en avait déjà cédé progressivement les glacis. Les Bordelais n'étaient pas devenus plus sages, mais Trompette commençait à prendre beaucoup de place inutile dans un Bordeaux en pleine expansion. Ainsi est née cette immense place de 12 ha, la plus grande d'Europe. L'horizon libéré, c'est toute la morphologie du quartier qui changea, permettant par exemple la construction des allées de Tourny et du Grand Théâtre...

Liberté et puissance à l'honneur

C'est étonnant mais il ne reste ici aucune trace de Trompette. De l'histoire, on préféra garder le souvenir de Montaigne et Montesquieu, qui siégèrent tous deux au parlement de Bordeaux et qui ont chacun leur statue à un bout de la place, ou encore celui de la puissance maritime de la ville, via deux colonnes rostrales de 21 m, ornées de sculptures allégoriques sur la navigation et la prospérité du commerce bordelais (1828). Elles encadrent un bel escalier vous menant droit aux quais. Mais l'élément le plus important de la place est le **monument aux Girondins**, le plus vif symbole de la réappropriation des lieux par le peuple. Sa construction date des

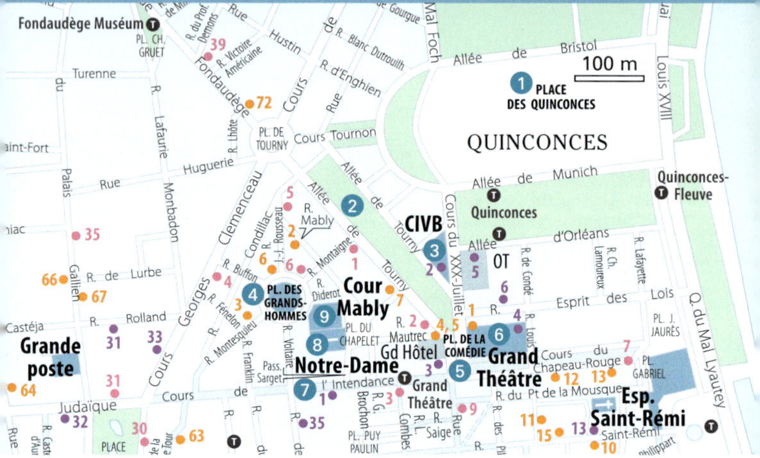

années 1890, en l'honneur de la IIIe République et en mémoire des députés girondins de la période révolutionnaire. Perchée tout en haut de sa colonne, comme un pied de nez aux siècles passés, la Liberté déploie ses ailes et brise ses chaînes (1895, Alphonse Dumilâtre et Victor Rich). Posez-vous quelques instants sur la terrasse du monument et admirez les nombreuses statues allégoriques en bronze : d'impressionnants chevaux marins (enlevés durant l'Occupation, réinstallés en 1983) tirent le char de la République (côté sud) et celui de la Concorde (nord). Sous des traits féminins sont représentées Bordeaux, la Garonne et la Dordogne, tandis que trois hommes grimés et jetés à l'eau symbolisent le vice, l'ignorance et le mensonge.

Lieu de rassemblement et de fêtes

À tout cela s'ajoute la valse des visiteurs shootant le monument aux Girondins sous tous ses profils, à laquelle vous prendrez sûrement part. En été, les éclaboussures des jets d'eau permettent aux promeneurs de se rafraîchir, et des danseurs de tango s'y retrouvent à la nuit tombée. Place populaire au cœur du quartier le plus chic de la ville, elle est le lieu des rassemblements les plus festifs tout au long de l'année : foire aux plaisirs (une grande fête foraine au printemps et à l'automne), cirques, zones de supporteurs, brocantes, concerts gratuits…

Visite (45 min) des mécanismes souterrains de la fontaine par le réseau des visites insolites occasionnelles « Les sous-sols de Bordeaux » • www.visiter-bordeaux.com • Tarif : 8 €.

2 Allées de Tourny++

Sur les glacis de Trompette, cette promenade porte le nom de son concepteur, l'intendant Tourny, qui modernisa la ville au XVIIIe s. La **statue** de celui-ci se dresse d'ailleurs sur la place du même nom, à l'extrémité ouest des allées. À l'est : un superbe **carrousel** et le **kiosque culture** de la ville où retrouver toute la programmation à la vente (opéra, concerts, musées). Au no 2, ne manquez pas **L'Intendant**, une cave à vins à l'architecture exceptionnelle (voir p. 31). Ce sont toujours les plus chic brasseries de Bordeaux qui occupent les allées, mais l'ambiance est bien plus détendue qu'au XIXe s., quand la bourgeoisie venait s'y montrer. Au printemps, tout le monde trinque durant les Épicuriales (p. 217), et en hiver, on y partage un bon vin chaud au marché de Noël. Entre-temps, pétanquistes, promeneurs et peintres s'y croisent.

3 CIVB++

Ce bâtiment au nez pointu, datant de 1786, est la « Maison Gobineau », du nom de l'ancien conseiller parlementaire à qui il appartenait. Rehaussé d'un étage, il accueille aujourd'hui le CIVB (Conseil interprofessionnel des vins de Bordeaux) et son bar à vins au rez-de-chaussée (p. 29). Le décor des lieux et ses vitraux dédiés au vin valent le détour !

3, cours du XXX-Juillet • ✆ 05 56 00 43 47 • www.baravin.bordeaux.com • Lun.-sam. (sf j. fériés) 11h-22h.

4 Place des Grands-Hommes++

À la Révolution, une place du marché est aménagée au centre de cet espace essentiellement occupé par des couvents, et les rues sont renommées : vous pouvez ainsi emprunter les rues Diderot, Voltaire ou encore Buffon, qui partent en étoile

Allées de Tourny

Place de la Comédie

depuis la place et accueillent aujourd'hui les boutiques de luxe de la ville. La belle galerie en métal et en verre fut, elle, inaugurée en 1991. À ses abords : gourmandises, belle vaisselle et agréables terrasses de brasseries.

Boutiques de la galerie : lun.-sam. 10h-19h30 • Centre commercial : 9h-21h • Bouquinistes installés autour de la halle : t.l.j. • www.lesgrandshommes.com

5 Place de la Comédie✦✦✦

Image emblématique de Bordeaux ! En plein « périmètre Unesco », prenez le temps de savourer la vue et l'ambiance : riche d'histoire mais regardant vers l'avenir, la place de la Comédie mêle avec insolence ses plus beaux apparats aux arts urbains.

Quand Trompette fit place nette…

Jusqu'au XVIIe s. se trouvaient ici les **Piliers de Tutelle** gallo-romains, construits aux IIe et IIIe s. apr. J.-C. Imaginez un édifice rectangulaire atteignant les 26 m de haut, soutenu par 24 colonnes de 12 m. Pour mieux contrôler le peuple, Louis XIV le fit raser en 1675 afin qu'aucun obstacle

Pause grands crus : Wine Gallery

Vous pourrez y déguster au verre de nombreux grands crus classés. Une façon de découvrir les grands bordeaux sans y laisser votre treizième mois ! À vous les châteaux-latour, château-margaux, château-haut-brion, château-cheval-blanc, château-mouton-rothschild, château-lafite-rothschild, château-angélus ou même château-yquem. Le design moderne des lieux vaut lui aussi le coup d'œil, avec son plafond de verres suspendus.

1 14, cours de l'Intendance • 05 57 29 23 81 • www.maxbordeaux.com • Lun.-sam. 11h-20h.

ne vienne entraver les abords du château Trompette (p. 20). De ce colosse antique ne restent aujourd'hui que quelques vestiges place Camille-Jullian (p. 42).

La place aujourd'hui

La place de la Comédie est également le théâtre d'un duel de grands chefs : d'un côté, *the place to be*, **le Grand Hôtel** de Bordeaux et son *rooftop*, sous les commandes du chef britannique Gordon Ramsay (p. 28). En face, la gastronomie française à l'état pur, représentée par le Quatrième Mur, où Philippe Etchebest officie (p. 27). Le tramway, silencieux, passe entre les deux établissements. Avec l'étonnante *Sanna* de Jaume Plensa, statue contemporaine à l'entrée de l'îlot Louis, il appose la marque du XXIe s. à la place. Deux belles horloges sont comme une allégorie de ce lien permanent entre l'histoire de Bordeaux et sa modernité. Côté ambiance, l'endroit est animé toute l'année : face au théâtre classique se jouent hors les murs d'autres comédies plus modernes. Vous croiserez régulièrement bandas, artistes de rue ou encore danseurs de hip-hop. Nous vous conseillons de revenir à la nuit tombée pour savourer les lumières bleues et or de la place ! Le saviez-vous ? Sur le flanc nord du Grand Théâtre, la rue Esprit-des-Lois est la seule rue de France à porter le nom d'une œuvre littéraire (Montesquieu).

InterContinental Bordeaux – Le Grand Hôtel : *2-5, pl. de la Comédie • ☎ 05 57 30 44 44 • www.bordeaux.intercontinental.com*

6 Grand Théâtre✦✦✦

C'est au XVIIIe s. que naquit un premier théâtre, aux alentours de la Grosse Cloche. À l'époque, le maréchal Richelieu, intendant de Guyenne, bien connu pour son libertinage, voulait donner à Bordeaux une scène à sa mesure. Les artistes féminines de passage étaient réputées « légères » et la bonne société venait se montrer, mais aussi s'encanailler. Un incendie détruisit ce premier théâtre. En 1773, le projet bien plus ambitieux du Grand Théâtre,

Grand Théâtre

Passage Sarget

chef-d'œuvre de l'architecte Victor Louis, fut lancé. Il fut inauguré en 1780, avec *Athalie* de Racine. Le péristyle est constitué de 12 colonnes corinthiennes sur lesquelles muses et déesses regardent chacune dans une direction. À leurs pieds, sur le vaste escalier, les promeneurs peuvent faire une pause à l'ombre. Sur le côté, les deux galeries et les 21 pilastres corinthiens contribuent à la magnificence du lieu. À l'intérieur, une parenthèse hors du temps.

Le grand escalier, qui aurait inspiré Garnier, et la coupole de la salle de spectacle sont magnifiques. La fresque du plafond, peinte au XVIIIe s. (restaurée en 1919) par Claude Robin, rend hommage aux artistes ainsi qu'aux artisans. Nous vous recommandons vivement la visite guidée.

Pl. de la Comédie • 05 56 00 85 95 • www.opera-bordeaux.com • Hall accessible au grand public mar.-sam. 13h-18h30 (variable selon j. fériés) • Visite guidée du Grand Théâtre sur résa (impérative) sur www.visiter-bordeaux.com/fr/decouvrir-bordeaux/visite-guidee-du-grand-theatre.html; entrée 10 €.

7 Cours de l'Intendance✦✦

Les Champs-Élysées bordelais, THE spot photo pour les illuminations de Noël ! Outre les boutiques de luxe, on aime les curieux détails des façades des hôtels particuliers, comme au n° 5, les « hommes-poissons » de l'hôtel Acquart. En remontant vers la place Gambetta, sur votre droite, le cinéma Le Français occupe les (très beaux) murs d'un ancien théâtre du XIXe s. Au n° 69, observez le grand balcon arrondi où la poétesse Marceline Desbordes-Valmore a vécu une parenthèse bordelaise qu'elle jugea inoubliable. Elle croisa le peintre Goya, qui s'éteignit au n° 67. Incontournable : traversez le **passage Sarget** (n° 19 ; 9h-19h30) couvert d'une belle verrière et aux adorables boutiques.

8 Église Notre-Dame✦

En empruntant le passage Sarget, on tombe sur la place du Chapelet à l'écart de la foule et qui accueille l'église Notre-Dame. Une statue de Goya rappelle que ses obsèques eurent lieu dans cette église, qui n'impressionne pas par sa taille mais par la surcharge de détails sur sa façade baroque (omniprésence des angelots). Avec la cour Mably, elle est la dernière trace de la présence des dominicains. Entrez pour admirer l'orgue, « gavé beau », comme on dit ici !

1, pl. du Chapelet • ☎ 05 56 81 44 21 • www.notredamedebordeaux.fr • Lun. 14h30-18h, mar.-sam. 8h30-18h, dim. 10h-12h et 17h-20h.

9 Cour Mably✦✦

C'est l'un des deux cloîtres de l'ancien couvent dominicain construit en 1684 (le second fut détruit). En été, on s'y met au calme et au frais, croisant des Bordelais en pause repas à l'ombre des colonnes, des ados à rollers, et des passionnés de culture qui viennent découvrir la dernière expo dans l'ancienne salle capitulaire. Spectacles et projections en plein air viennent également combler les (anciens) silences du lieu.

3, rue Mably • Calendrier des expos et événements sur www.bordeaux.fr

Le Quatrième Mur

Restos Bistrots

Le Quatrième Mur

Brasserie chic 1 Plan H7

Brasserie chic et contemporaine du très médiatique Philippe Etchebest, située dans le Grand Théâtre de Bordeaux. Carte courte. Régalez-vous d'un repas délicieux aux accents du Sud dans un cadre exceptionnel.

2, pl. de la Comédie, Opéra national de Bordeaux, Grand Théâtre • Tram Grand-Théâtre ou Quinconces • ☎ 05 56 02 49 70 • www.quatrieme-mur.com • T.l.j. 8h-23h (petit déj. 8h-10h30 et salon de thé 15h30-

18h) • Midi (hors w.-e. et j. fériés) : formule 29-34 €; soir : formule 51 € • Résa vivement recommandée.

La Table A Cantina

Corse

2 Plan G6

Ne ratez pas l'excellent veau tigré, spécialité de la maison, la succulente charcuterie ou encore les magnifiques desserts à se damner tels que la crème pistache ou le *cappuccino alla nocciola* et éclats de noisettes. Très bonne carte de vins corses.

19, rue Mably • Tram Grand-Théâtre • 06 49 76 71 27 • www.acantina-brasseriecorse.fr • Mar.-sam. 12h-14h et 19h-22h30, dim. 19h-22h30 • Midi : plat du jour 14 €; soir : menu Nustrale 35 €.

Le Chapon Fin

Gastronomique

3 Plan G6-7

Véritable institution bordelaise depuis bientôt deux siècles, le Chapon Fin propose, via son chef Cédric Bobinet, une cuisine novatrice, généreuse et savoureuse.

5, rue Montesquieu • Tram Gambetta • 05 56 79 10 10 • www.chapon-fin.com • Mar.-sam. 12h-14h et 19h30-21h • Midi : formule 39 €; soir : menus 65 et 85 €.

Le Bordeaux – Gordon Ramsay

Brasserie chic

4 Plan H7

Très jolie carte de brasserie mêlant l'excellence des produits du Sud-Ouest et l'inspiration anglo-saxonne de Gordon Ramsay. Succombez au bœuf Wellington servi avec une purée de pommes de terre et des haricots verts, ou encore au *fish and chips*, salade de cresson, frites maison, vinaigre de malt et sauce tartare. Ne ratez pas non plus les desserts signés Arthur Fèvre, dont son incroyable tarte au citron.

2-5, pl. de la Comédie • Tram Grand-Théâtre ou Quinconces • 05 57 30 43 46 • T.l.j. : petit déj. 7h-10h30; déj. 12h-14h30; dîner 19h-22h30; brunch dim. 12h30-14h30 • Midi : 29 et 35 €; plats à la carte 26-39 €.

Comptoir Cuisine

Néobistrot

5 Plan H7

Très jolie localisation, face au Grand Théâtre. Cuisine traditionnelle modernisée et gourmande. On adore la tartine de foie gras poêlé et moelle, herbes fraîches et jus balsamique, ou encore le carré d'agneau, embeurrée de chou et pommes granny, jus de cidre. Terrasse très agréable en été.

2, pl. de la Comédie • Tram Grand-Théâtre ou Quinconces • 05 56 56 22 33 • www.comptoircuisine.com • T.l.j. midi et soir; salon de thé slt l'ap.-m. • Menu Retour du marché le midi en sem. 21 €; plats à la carte 15-32 €.

Monzù

Italien

6 Plan G6

Ambiance chic et rétro pour ce restaurant italien situé en plein cœur de Bordeaux, au marché des Grands Hommes. À l'intérieur ou sur la terrasse, vous pourrez commander des assiettes à partager, pâtes (les tagliatelles aux palourdes et poireaux sont excellentes et très copieuses), salades, tartines et autres pizzas napolitaines. En dessert, ne ratez pas le tiramonzù au café et liqueur de marron ! Accueil chaleureux et professionnel.

12, pl. des Grands-Hommes • Tram Gambetta ou Quinconces • www.monzu.fr • 05 64 28 60 02 • T.l.j. 12h-15h et 19h-22h30 • Assiettes (charcuterie ou fromage) 9 €; tagliatelles aux palourdes 18 €; pizzas 10-15 €; tiramonzù 8 €.

Le Noailles

Brasserie chic

7 Plan H6

Cette brasserie est une véritable institution bordelaise. Testez les spécialités que sont les huîtres spéciales n° 2 de l'Impératrice de chez Joël Dupuch, le tartare de crabe au citron vert, l'omelette aux truffes ou aux cèpes, ou encore le grenier médocain.

12, allées de Tourny • Tram Quinconces • 05 56 81 94 45 • www.lenoailles.fr • Café-brasserie : t.l.j. 9h-23h; restaurant : 12h-15h et 19h-23h ; sortie de théâtre : dîner assuré sur résa • Plat du jour en semaine 16 €; plats à la carte 18-37 €; huîtres 21 € les 9 • Résa conseillée.

Le Noailles

Bars, clubs Sorties

Bar à Vin du CIVB

Bar à vins

2 Plan H6

Le Bar à Vin se situe au rez-de-chaussée de la Maison du vin de Bordeaux, siège du Conseil interprofessionnel des vins de Bordeaux. C'est LE lieu de dégustation des vins locaux, à prix raisonnables. Le rapport qualité/prix y est imbattable. N'hésitez pas à pousser la porte même si cela vous semble un peu chic vu de l'extérieur. Profitez-en pour admirer l'architecture et les œuvres d'art des années 1950 qui émaillent le lieu.

3, cours du XXX-Juillet • Tram Quinconces • 05 56 00 43 47 • https://baravin.bordeaux.com • Lun.-sam. 11h-22h ; fermé j. fériés • Verre de vin 2-8 € (pour un grand cru classé 1855 – château Caillou AOC Barsac); amuse-bouches 14-18 €; cocktail 18 €.

Night Beach Intercontinental

Bar à cocktails 3 Plan H7

Ce bar situé sur le toit du Grand Hôtel (p. 25) offre l'une des plus belles vues sur Bordeaux, face au Grand Théâtre. Dégustez-y de délicieux amuse-bouches et d'excellents mocktails et cocktails (beaucoup de choix) ou du champagne dans une ambiance estivale. Durant l'hiver, c'est au Victor Bar, au cœur de l'hôtel, que cela se passe.

2-5, pl. de la Comédie • Tram Grand-Théâtre ou Quinconces • 05 57 30 44 44 • www.bordeaux.intercontinental.com • Fin mars-mi-oct. t.l.j. 12h-14h30 et 19h-1h ; mi-oct.-nov. : jeu.-sam. 19h-21h.

Grand Théâtre

Opéra 4 Plan H7

Lieu emblématique de Bordeaux, le Grand Théâtre accueille le siège de l'Opéra national de Bordeaux, qui y programme sa saison lyrique et les représentations du ballet de l'Opéra.

Pl. de la Comédie • Tram Grand-Théâtre ou Quinconces • 05 56 00 85 95 • www.opera-bordeaux.com • Programmation et tarifs sur le site internet (voir p. 26).

Le Monseigneur

Club 5 Plan H6

La plus ancienne discothèque des nuits bordelaises… qui a su s'adapter et évoluer en invitant des DJ's. Un incontournable de la ville quel que soit votre âge.

42, allée d'Orléans • Tram Quinconces • 05 56 44 89 60 • www.lemonseigneur.com • Mer.-sam. 23h30-7h • Entrée 12 € (avec cons.).

Le Cercle

Club 6 Plan H6

Discothèque branchée à la déco sombre et chromée, Le Cercle est fréquenté par une clientèle huppée.

29-35, rue Esprit-des-Lois • Tram Grand-Théâtre • 06 69 92 38 66 • www.lecercle-bordeaux.club • Mer.-sam. 23h30-5h30 • Entrée : gratuite ou 15 € avec une conso ven.-sam. • Possibilité de réserver une table sur le site internet.

Shopping Cadeaux

Cadiot Badie

Chocolats 1 Plan H6

Il faut ne serait-ce qu'entrer dans la boutique pour admirer le décor délicieusement rétro-chic. Cet artisan chocolatier perpétue la tradition depuis presque deux siècles. Goûtez son Diamant noir – une ganache à la pulpe de raisin – ou son Cardinal – une ganache aux raisins macérés.

26, allée de Tourny • Tram Quinconces • 05 56 44 24 22 • www.cadiot-badie.com • Lun. 14h-19h, mar.-ven. 9h30-19h, sam. 10h-19h; fermé 2 sem. en août • Ballotin de 250 g : 24 €.

Night Beach Intercontinental

L'Intendant

Cave à vins 2 Plan H7

Établi depuis plus de 20 ans à Bordeaux, L'Intendant s'impose comme une référence pour la vente des grands crus de la région aux particuliers. Situé dans une tour circulaire de 12 m de haut en plein cœur du Triangle d'Or, cet établissement abrite les plus grands vins de Bordeaux, soit 15 000 bouteilles réparties sur 5 niveaux ! Au rez-de-chaussée, un vaste choix de demi-bouteilles et de délicieux vins très abordables. Ensuite, plus on progresse dans l'escalier de la tour, plus les vins deviennent prestigieux. À voir absolument, même pour les non-amateurs de précieux nectars.

2, allées de Tourny • Tram Quinconces • 05 56 48 01 29 • www.intendant.com • Lun.-sam. 10h-19h30.

Boutique L'anana(s)

Concept store 3 Plan H7

La bonne adresse shopping si vous aimez le style bohème, ethnico-chic, tendance Saint-Tropez ou Ibiza. Bijoux, accessoires, chaussures et même un peu de décoration. Gai et coloré.

4, rue Louis-Combes • Tram Grand-Théâtre • 05 56 44 26 57 • www.boutique-lananas.com • Mar.-ven. 11h-19h30, sam. 10h30-19h30.

Saunion

Chocolats 4 Plan G6

Depuis 1893, l'ancienne Confiserie Bordelaise devenue

Chocolaterie Saunion régale les gourmets locaux. Thierry Lalet (4e génération) y perpétue l'excellence. Goûtez à la spécialité de la maison, les Guinettes, cerises à l'alcool enrobées de chocolat et conservées au moins 5 mois en bocaux avant dégustation.

56, cours Georges-Clemenceau • Tram Quinconces • 05 56 48 05 75 • www.saunion.fr • Mar.-sam. 10h-13h et 14h-19h • Guinettes : 27 € les 250 g.

Cognac Only Boutique

Spiritueux

5 Plan G6

Bordeaux n'est qu'à 1h30 de Cognac en voiture. Entrez dans cette boutique dédiée aux alcools charentais et découvrez plus de 300 cognacs et pineaux des Charentes différents, des plus grandes marques (Hennessy, Rémy-Martin, Courvoisier et Martell) aux plus confidentielles (Jean Fillioux, Léopold Gourmel, Delamain, Pierre de Segonzac). Exceptionnel !

18, rue Jean-Jacques-Rousseau • Tram Quinconces, Grand-Théâtre ou Hôtel-de-Ville • 05 56 48 56 10 • www.cognac-only.com/fr • Mar.-sam. 11h-19h.

La Chocolaterie de Bordeaux-David Capy

Chocolats

6 Plan G6

Meilleur Ouvrier de France et ancien formateur de l'école du chocolat Valrhona, David Capy est un chocolatier passionné et passionnant. Ses tablettes de chocolat maison sont excellentes (une très bonne idée cadeau à rapporter à ses proches) et sa pâtisserie est également délicieuse.

7, rue Michel-Montaigne • Tram Quinconces • 05 56 81 47 65 • www.davidcapy.fr • Mar.-sam. 10h-19h • Coffret chocolat : 23 € les 150 g.

Activités Détente

Atelier œnologie

Peut-on raisonnablement visiter la capitale mondiale du vin sans s'offrir les conseils des meilleurs experts sur le sujet ? Initiation à la dégustation ou à l'assemblage, découverte olfactive des arômes du vin et même création de cocktails : la prestigieuse **École du vin de Bordeaux** propose une série d'ateliers de haute volée, que vous soyez débutant, curieux ou amateur éclairé.

***École du vin de Bordeaux :** 3, cours du XXX-Juillet • Tram Quinconces • 05 56 00 22 85 • www.ecoleduvinbordeaux.com • Atelier initiation (2h) à partir de 32 € • Résa au moins 1 mois avant.*

LES MEILLEURS BARS À HUÎTRES DE BORDEAUX

Plus de 700 ha de parc ostréicole s'étendent autour du bassin d'Arcachon, à environ 1h de Bordeaux. Les huîtres locales (appellation Arcachon-Cap Ferret) font ainsi le bonheur des papilles bordelaises, et des autres !

Le Noailles

Le plus chic. Dans un cadre très parisien, Le Noailles vous propose de déguster les huîtres spéciales n° 2 de l'Impératrice, de chez Joël Dupuch.

Voir p. 29, quartier 1, Les Quinconces et le Triangle d'Or.

La Boîte à Huîtres

La Brasserie Bordelaise

Le plus traditionnel. Des huîtres de chez David Hervé (Charente-Maritime) ou de chez Joël Dupuch (cap Ferret) servies, à la bordelaise, avec une saucisse grillée.

Voir p. 44, quartier 2, Saint-Pierre.

La Boîte à Huîtres

Le plus complet. Vous y trouverez le plus grand choix de variétés et de provenances.

Voir p. 45, quartier 2, Saint-Pierre.

Chez Jean Mi

Le plus populaire. Faites-vous servir au comptoir de cette institution située en plein cœur du marché des Capucins.

Voir p. 76, quartier 4, Saint-Michel.

La Cabane Cent Un

Qualité et fraîcheur garanties pour ces huîtres qui arrivent directement de chez Agathe et Yannick, ostréiculteurs au cap Ferret.

Voir p. 118, quartier 9, Les Chartrons.

BORDEAUX DANS L'HISTOIRE

De Burdigala aux réaménagements de Bacalan et de la rive droite, l'histoire de Bordeaux se lit au fil des rues et des monuments. Son exceptionnelle architecture prend sa source à l'époque gallo-romaine, pour aboutir à une ville dynamique, qui ose regarder vers l'avenir sans renier son riche passé, comme en témoignent les bassins à flot et la base sous-marine récemment réhabilitée en centre d'art numérique.

Burdigala et le castrum romain

C'est au IIIe s. av. J.-C. que les Bituriges Vivisques, peuple celte, se seraient installés à Burdigala (qui signifierait « à l'abri des marais ») où ils plantent les premiers pieds de vigne. Sous domination romaine au Ier millénaire, Burdigala prospère et commence le commerce du vin. Le castrum romain (équivalent aujourd'hui au quartier Saint-Pierre) compte alors 20 000 habitants. À la fin du IIIe s., de **premières enceintes** sont érigées afin de protéger des invasions via la Garonne.

Grand Théâtre

Invasions et christianisation

Après la chute de l'Empire romain, en 476, Bordeaux subit des invasions successives et son port perd de sa superbe. Les **édifices religieux** organisent de **nouveaux faubourgs,** donnant naissance aux quartiers actuels (Saint-Éloi, Saint-Pierre, Saint-Michel) et, dans le **quartier Saint-Paul,** un **second rempart** s'élève. En 1096, la **cathédrale Saint-André** est consacrée.

Bordeaux à l'anglaise et à la française

Quand Guillaume X d'Aquitaine meurt en 1137, sa fille, Aliénor, hérite du **duché d'Aquitaine,** indépendant. Répudiée par Louis VII, Aliénor épouse Henri II d'Angleterre. Son duché passe alors sous domination anglaise et la cité connaît son **second âge d'or.** Le **commerce maritime** reprend avec les Anglais, et la ville devient capitale de la « Guyenne ». On instaure des **jurats,** les maires de la ville, à la Grosse Cloche. Deux siècles plus tard, la guerre de Cent Ans s'achève en 1453. Redevenus ainsi français, les Bordelais, jugés insoumis, sont surveillés : le roi fait construire des **fortifications militaires** (le fort du Hâ et le château Trompette) au sein de la ville. Le renforcement des impôts entraîne, au XVIe s., une révolte (la jacquerie des Pitauds), écrasée dans le sang et punie par la perte des privilèges de la ville. La Boétie, choqué par ces temps troubles, écrit ses premières œuvres et entre au parlement de Guyenne, où il rencontre **Montaigne** (maire de Bordeaux en 1581).

Bordeaux classique, la grandeur

Le pouvoir royal s'adoucit peu à peu pour pousser à la grandeur cette province. Le port devient le **deuxième d'Europe.** Le commerce maritime, surtout celui du vin, est fructueux pour la ville, et Colbert lui offre le monopole sur le commerce vers les Antilles. C'est à cette époque que Bordeaux prend tristement part au **commerce triangulaire**. Au XVIIIe s., les intendants Boucher et Tourny sont missionnés pour entreprendre les travaux urbains qui façonneront la ville telle qu'on la connaît aujourd'hui (destruction des remparts, aménagement des places et jardins, percement des cours…).

De la révolution à l'ère industrielle

À la Révolution, Bordeaux devient le **chef-lieu de la Gironde,** où le groupe politique du même nom se forme. Les Girondins dominent un moment l'Assemblée avant de disparaître durant la **Terreur.** Au XIXe s., Trompette est détruit, les **boulevards** se dessinent, et Napoléon permet l'expansion rive droite avec le **pont de Pierre.** Sur les **quais et aux Chartrons,** le commerce du vin prospère, la vie ouvrière bouillonne à Bacalan et aux bassins à flot, les négociants en vin construisent de riches demeures. Le chemin de fer contribue à l'essor de la ville et amène la bourgeoisie bordelaise sur le **bassin d'Arcachon.**

Bordeaux contemporain

La population augmente et pousse à la construction de **nouveaux quartiers :** Art nouveau et Arts déco s'implantent. Après la Deuxième Guerre mondiale, **Jacques Chaban-Delmas,** maire de 1947 à 1995, est à l'origine du projet urbaniste de **Mériadeck** et du **CAPC**. On doit à **Alain Juppé,** maire de 1995 à 2004 et de 2006 à 2019, l'installation du **tramway** et la **rénovation des quais.** Aujourd'hui, la population dépasse les 200 000 habitants. Le commerce maritime s'est effacé mais la vigne plantée au IIIe s. a fait un beau chemin : la Cité du Vin le prouve. Les berges rivalisent de projets alternatifs, la ville investit la scène rock et l'art contemporain, et Bacalan et la rive droite poursuivent leur mutation. Le reflet de la place de la Bourse dans un miroir d'eau futuriste devient l'image emblématique de Bordeaux. ■

2

SAINT-PIERRE, BALADE ROMANTIQUE

À Bordeaux, les ambiances varient d'un quartier à l'autre. Après les larges artères et le faste du Triangle d'Or, les rues se resserrent et les pavés apparaissent. Vous êtes ici dans l'épicentre du vieux Bordeaux, au cœur de l'ancien castrum romain, devenu l'un des endroits les plus touristiques de la ville… mais aussi le plus romantique : si vous optez pour une promenade en amoureux, choisissez ce quartier, puis poursuivez jusqu'à Saint-Paul.

Miroir d'eau

1 Îlot Louis✦✦

Cette promenade à l'entrée de Saint-Pierre s'étend du Grand Théâtre (p. 25) jusqu'au quai. Elle fut aménagée par Victor Louis sur l'un des glacis de Trompette (p. 20) cédés par le roi pour financer la construction du Grand Théâtre. Ce fut l'occasion pour l'architecte de doter son chef-d'œuvre d'environs dignes de l'édifice.

On y admire le joli profil du Grand Théâtre, ainsi que les mascarons et balcons préservés des façades des hôtels particuliers que firent construire par de grands architectes les riches commerçants de l'époque : une aubaine pour eux que de faire bâtir des demeures avec accès direct à la place Royale (aujourd'hui place de la Bourse) !

Cours du Chapeau-Rouge.

2 Espace Saint-Rémi✦

Cette ancienne église (XIe-XVe s.) fut désacralisée à la Révolution. Elle a servi de lieu de stockage ou encore d'écurie, avant d'être réhabilitée en espace culturel à la fin des années 1990 pour accueillir des expositions autour des arts visuels et alternatifs. L'endroit a un charme fou, autant par l'atmosphère unique qui règne dans cet ancien lieu de culte que par le choix toujours original des œuvres accueillies.

4, rue Jouannet • 05 56 44 01 58 • www.bordeaux.fr • Les horaires d'ouverture sont ceux des expos : en général t.l.j. 11h-18h.

3 Place du Parlement✦✦✦

L'un des endroits les plus harmonieux et les plus romantiques de Bordeaux ! Sur cette ancienne place du Marché-Royal, admirez l'homogénéité architecturale quasi parfaite (à un bâtiment près) des immeubles qui l'encerclent et l'omniprésence des mascarons au-dessus des fenêtres. Après avoir fait un vœu entre amoureux, dos à la fontaine, ne manquez pas de pousser la porte de La Machine à Lire, une étonnante librairie (au nº 8 ; p. 56).

Place du Parlement

4 Place de la Bourse et Miroir d'eau✦✦✦

De l'art de marier l'architecture du passé à celle du XXIe s. en toute harmonie… La place de la Bourse – et la pierre blonde plus de deux fois centenaire de

Pause burger : West Coast

Quoi de mieux qu'un très bon burger pour ponctuer une journée en goguette ? Coup de cœur pour celui de West Coast comprenant steak 100 % bœuf de race limousine, avocat, bacon, oignons caramélisés, tomates, oignons rouges, pickles et sauce spéciale du restaurant. À noter : le restaurant possède aussi un *food truck*, n'hésitez pas à vous y arrêter.

8 31, rue du Cancera • 09 80 61 85 93 • www.westcoastburgers.fr • T.l.j. 12h-15h et 19h-23h • Burger env. 15 €.

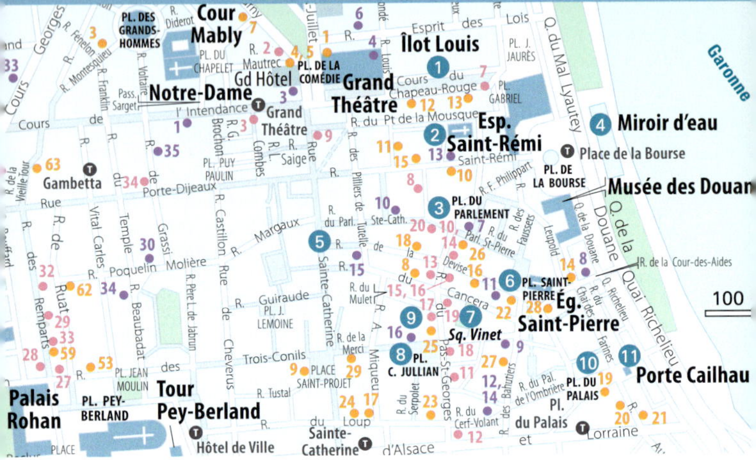

son palais – fait face, depuis 2006, aux Bordelais pieds nus qui se jouent des convenances et retrouvent leurs 10 ans au beau milieu du Miroir d'eau. Quand Bordeaux « réfléchit », elle n'hésite pas à mettre son patrimoine Unesco en valeur !

De la place Royale à la place de la Bourse

C'est l'une des images les plus connues de la ville, et c'était d'ailleurs le but : à sa création au XVIIIe s., en plein boom du commerce maritime, il s'agissait d'en mettre plein la vue aux visiteurs jetant l'ancre dans le port. Sous l'impulsion de l'intendant Boucher, Gabriel père et fils en tracèrent les prestigieux contours. Pour la première fois, Bordeaux tourne la tête vers la Garonne après s'en être protégée tout au long du Moyen Âge. Ainsi fut inaugurée celle que l'on nommait alors place Royale, avec en son cœur la statue du roi. Ni le nom ni la statue ne survécurent à 1789 : on parle alors de place de la Liberté. Elle ne devint la place de la Bourse qu'en 1848.

Architecture

Le palais de la Bourse, au nord, accueille la chambre de commerce et d'industrie, et, dans l'ancien hôtel de Ferme, au sud, vous pourrez visiter le **musée des Douanes.** Malgré les réaménagements, le style classique flamboyant du XVIIIe s. a été préservé, conférant au lieu une ambiance romantique. Levez la tête : des mascarons vous observent et témoignent à la fois des modes et croyances de l'époque, mais aussi du passé sombre de la ville : les visages africains renvoient à la traite des esclaves, à laquelle Bordeaux a amplement participé. Ne manquez pas Neptune, avec ses grosses joues remplies d'air pour souffler le vent, sur la façade nord à l'angle de l'îlot Louis.

Au milieu de la place, sur une superbe fontaine façonnée par Visconti, les Trois Grâces (filles de Zeus), dans le plus simple appareil, regardent passer les touristes.

Derrière le miroir...

Il est devenu LE monument phare de Bordeaux, bien qu'au ras du sol. Pensée par l'urbaniste Michel Corajoud, cette vaste étendue d'eau, profonde de seulement 2 cm à son maximum, voit se refléter les façades de la Bourse sur ses 3450 m², au point de nous mettre au défi de distinguer le ciel de la terre... C'est un spectacle en trois temps. Lorsque l'eau atteint son seuil régulier, elle devient réellement miroir. Puis elle se vide sous l'œil amusé des petits (et grands) enfants qui y plongent les pieds et n'hésitent pas, en été, à s'éclabousser pour se rafraîchir. Enfin, la magie opère lorsque vient la brume, fondant le palais de la Bourse sous un épais brouillard. Aux beaux jours, l'endroit est particulièrement animé. Le soir, des artistes de rue viennent y pousser la chansonnette, et les jeunes aiment s'y retrouver dans une ambiance conviviale.

Miroir d'eau : *t.l.j. 10h-22h (fermeture des jets d'eau en hiver).*

Musée national des Douanes : *1, pl. de la Bourse • ☎ 09 70 27 57 66 • www.musee-douanes.fr • Mar.-dim. 10h-18h • Fermé 1er janv. et 25 déc. • Entrée : 4 € • Son et lumière projeté ts les soirs sur les façades de la place durant Bordeaux fête le vin (p. 217).*

Place de la Bourse

Rue Sainte-Catherine

5 Rue Sainte-Catherine✦✦✦

Vous vous tenez sur la plus longue rue commerçante d'Europe, piétonne depuis 1984. La rue « Sainte-Cath' », plus populaire que ses voisines du Triangle d'Or, draine beaucoup de monde et est bordée de grandes enseignes nationales à prix abordables. Mais vous pourrez aussi découvrir des créateurs plus confidentiels dans les ruelles qui s'en échappent. Privilégiez les chaussures confortables pour parcourir sereinement l'intégralité (1,2 km !).

Quelle histoire !

Le tracé de la rue remonte à l'époque romaine. Elle allait alors de la Comédie à la rue Saint-Rémi, puis elle s'est progressivement agrandie, en même temps que la ville et ses remparts furent bâtis. L'intendant Tourny entreprit d'en harmoniser l'alignement, mais il fallut attendre le milieu du XIXe s. pour en voir l'aboutissement, et en observant de près ses façades, quelques irrégularités subsistent. Si vous avez l'intention de poser un lapin, donnez rendez-vous au n° 109, il n'existe pas !

Des ambiances différentes

D'un bout à l'autre, la rue s'adapte aux ambiances des quartiers qu'elle traverse. Côté Comédie, au nord, les magasins restent un brin chic, tandis qu'à l'extrémité sud, côté Victoire, plus étudiante, s'alignent principalement de petits restos rapides et des boutiques bon marché. En commençant la descente par le nord, vous pourrez observer (en particulier le samedi et pendant les soldes) le ruban de foule impressionnant qui s'étire sur ses plus de 1 200 m.

La Galerie Bordelaise

Propriété privée (mais son passage commerçant est public), classée Monument historique, on y passe des cafetiers aux marchands de vieux jouets sous une verrière, dans une ambiance vintage très XIXe s. (construite en 1833). Sa rénovation, très attendue, a eu lieu en 2016. Les cornes d'abondance en ornement de-ci de-là ne sont pas sans faire écho à la consommation un peu excessive de la rue Sainte-Catherine.

La Promenade Sainte-Catherine

Au nº 25, presque caché et pourtant immense, on entre dans ce tout nouveau temple des fashionistas, ouvert en grande pompe en 2015. Un Starbucks, un vaste magasin Lego (à voir, on adore !), et des enseignes de vêtements ciblées jeunes : 38 boutiques et restaurants sur deux niveaux constituent la Promenade Sainte-Catherine. Agréable terrasse (mais souvent pleine) avec fontaine.

La place Saint-Projet

À l'angle de la rue des Trois-Conils, en lieu et place d'une ancienne église éponyme et son cimetière, on trouve cette petite place dotée d'une fontaine sculptée en façade (1715) et d'un clocher oublié dans le paysage.

6 Place Saint-Pierre**

Quel bonheur de pouvoir passer en quelques foulées de l'agitation de la rue Sainte-Catherine à l'ambiance paisible de cette place, qui compte pourtant parmi les plus touristiques ! Attablez-vous tranquillement en terrasse sous les marronniers, à l'ombre de l'**église Saint-Pierre.** Celle-ci fut construite au Moyen Âge, sur le terrain encore boueux de l'ancien port de marchandises qui se trouvait à l'embouchure de la Devèze. Les rues environnantes gardent le souvenir des anciens

Galerie Bordelaise

métiers : bahutier, chai des farines, etc. À l'origine du lieu : un lupanar, qui fut installé en face de l'église ; la création de la place fut alors un prétexte pour le raser !

7 Square Vinet*

Mention spéciale pour cette échappée verte intimiste en plein cœur du centre-ville, qui nous isole soudain de la foule des *fashion addicts* quelques mètres plus loin. Réalisé en 2005 par le paysagiste Michel Desvigne, ce square accueille le plus long mur végétal jamais conçu. Peu connu des non-initiés, on ne s'y marche donc pas dessus, ce qui est appréciable.

Rue Vinet • T.l.j. 8h-20h en été, 19h30 au printemps, 17h30 nov.-fév., 18h30 le reste de l'année.

8 Place Camille-Jullian**

Les petites boutiques de bijoux et de déco de la rue du Pas-Saint-Georges mènent à cette place surnommée « Ca'Ju ». Ceinturée par des ruelles où il fait bon flâner, elle fut baptisée du nom d'un historien bordelais (un monument lui rend hommage). On s'installe volontiers en terrasse et l'ambiance conviviale qui y règne ferait presque un clin d'œil à la période des premiers congés payés durant laquelle la place fut aménagée (fin des années 1930). Mais c'est à une autre époque de l'histoire qu'elle renvoie : celle où le quartier Saint-Pierre était le cœur du castrum romain, comme en témoignent les vestiges de colonnes au centre.

Place Camille-Jullian

9 Utopia**

On s'y rend pour se faire une toile ou pour prendre un verre ! Après sa désacralisation, l'église Saint-Simon eut de multiples vies, parfois insolites ; par exemple, c'est ici que fut inventée la clé pour ouvrir les boîtes de sardines ! Aujourd'hui, elle régale les amateurs de films d'auteurs en accueillant un cinéma art et essai, l'Utopia.

5, pl. Camille-Jullian • 05 56 52 00 03 • www.cinemas-utopia.org/bordeaux • T.l.j. 10h-minuit selon séances • *Voir aussi p. 52.*

10 Place du Palais**

Des petits bars sans chichis, une fontaine de galets en Inox, imagine-t-on un instant le passé des lieux ? Longtemps, cette place a accueilli les pierres du palais de l'Ombrière, construit à partir du XIe s., résidence des ducs d'Aquitaine, puis des représentants anglais quand Bordeaux était britannique. Le parlement de Guyenne s'y installa ensuite. Après la Révolution, on parlait de la « place Brutus » : la place où avaient lieu les exécutions ; quant au palais, il devint une prison, avant d'être détruit en 1800. On la préfère aujourd'hui !

11 Porte Cailhau**

À Bordeaux, chaque porte a son style. L'architecture médiévale de la porte Cailhau, épargnée par l'intendant Tourny, lui donne comme un air de château de la Belle au bois dormant… Érigée

Porte Cailhau

à la fin du XVe s. en hommage à Charles VIII (évocations royales nombreuses en façade), cette porte avait une vocation défensive, mais elle devait aussi donner une image prestigieuse de la ville à quiconque y entrait. Une expo au 1er étage vous contera l'histoire du pont de Pierre, sur lequel vous aurez une superbe vue.

Pl. du Palais • 05 56 00 66 00 (office de tourisme de Bordeaux) • www.visiter-bordeaux.com • T.l.j. 10h-13h et 14h-18h • Fermé 1er janv. et 25 déc. • Entrée : 5 €, gratuit moins de 12 ans accompagnés.

Restos | Bars | Hôtels | Shopping | Activités

Restos Bistrots

Bô-tannique

Gastronomique 9 Plan H7

Ils sont trois (Florent Presse, Romain Le Guillou et Guillaume Rossi), ils se connaissent depuis le lycée et ils ont choisi Bordeaux comme port d'attache, après avoir pas mal bourlingué. Ils proposent une cuisine gastronomique teintée de saveurs exotiques (influences asiatiques et tahitiennes). Exigence, travail, gourmandise et mélanges racés se retrouvent dans leurs assiettes.

La Brasserie Bordelaise

Belle carte de vins d'auteurs issus de la biodynamie. Une adresse dont tout Bordeaux parle.

Pl. Saint-Projet, 2, rue Tustal • Tram Sainte-Catherine ou Hôtel-de-Ville • 05 56 81 34 92 • www.bo-tannique.com • Mar.-sam. 12h-22h30 • Menus : midi 21-24 €, soir 39 €.

La Brasserie Bordelaise

Cuisine du terroir 10 Plan H7

Esprit de comptoir, plats du terroir et très belle carte de vins (700 références) pour cette institution bordelaise. Le midi en semaine, menu du marché. Le soir, spécialités de viande : tartare de bœuf, entrecôte 400 g, poitrine de cochon Ibaïama confite. Également une assiette de charcuterie du Sud-Ouest et des huîtres de Joël Dupuch.

50, rue Saint-Rémi • Tram Grand-Théâtre ou Place-de-la-Bourse • 05 57 87 11 91 • www.brasserie-bordelaise.fr • T.l.j. 12h-15h et 19h-23h • Plats du jour : 14-16 €; plats à la carte 19-32 €.

Le Bouchon Bordelais

Cuisine du terroir 11 Plan H7

Cuisine traditionnelle dépoussiérée, généreuse, avec un petit twist moderne qui change tout. Vous pouvez vous y rendre les yeux fermés et vous vous régalerez. Le plat du midi change tous les jours.

2, rue Courbin • Tram Grand-Théâtre ou Place-de-la-Bourse • 05 56 44 33 00 • www.bouchon-bordelais.com • Mar.-ven. 12h-14h et 19h30-21h45, sam. 20h-21h45 • Midi : plats 10-17 €; soir : formules à 28, 33 et 39 €, plat à 21 €, menu dégustation à 55 € • Résa obligatoire.

La Boîte à Huîtres

Huîtres 12 Plan H7

Chez ce spécialiste des huîtres, vous trouverez différentes variétés et provenances (Prat-Ar-Coum, Spéciale de Claire, Fine de Claire, Plate de Bretagne) ainsi que des fruits de mer et des langoustines. Comme vous êtes à Bordeaux, vous pouvez tenter la coutume locale : huîtres accompagnées de pâté ou saucisses. Bon choix de vins. Terrasse et salle voûtée intérieure charmante.

38, cours du Chapeau-Rouge • Tram Grand-Théâtre • 05 56 81 64 97 • www.boiteahuitres.com • Mar.-sam. 10h-14h et 18h-23h, dim. 10h-14h • 12 huîtres env. 23-33 €.

Elio's

Italien 13 Plan H7

Restaurant italien mettant en valeur les plats traditionnels issus de la cuisine sarde. Goûtez absolument aux plats de pâtes et aux glaces. Portions très généreuses (n'hésitez pas à demander un *doggy bag*) et accueil chaleureux.

22, cours du Chapeau-Rouge • Tram Grand-Théâtre ou Quinconces • 05 56 81 81 11 • Lun.-sam. 12h-14h et 19h30-22h30 • Midi : menu 20 €; plats à la carte 25 €.

Capperi

Pizzeria 14 Plan H7

Les pizzas de ce petit restaurant comptent parmi les meilleures de Bordeaux. Il y en a une quinzaine, de la classique Margherita à la Capperi (tomate, *mozzarella di buffala* AOP, ricotta, câpres) en passant par la Boscaiola (tomate, mozzarella, champignons, jambon à la truffe, roquette, Parmigiano Reggiano). La moitié des pizzas sont végétariennes.

3, rue de la Cour-des-Aides • Tram Place-du-Palais ou Place-de-la-Bourse • 05 56 90 93 05 • www.capperi.fr • Jeu.-dim. 19h-23h • Pizzas 10-16 € • Sur place ou à emporter.

Fufu

Fufu

Japonais 15 Plan H7

Prenez un aller pour Tokyo en vous rendant dans ce bar à nouilles. Ici, de la cuisine populaire japonaise : *yakisoba* (nouilles maison sautées au wok accompagnées de viande de porc), *donburi tonkatsu* (escalope de porc panée et bol de riz), *gyoza* (raviolis grillés fourrés au porc et aux légumes). À consommer sur place (salle minuscule) ou à emporter.

37, rue Saint-Rémi • Tram Grand-Théâtre ou Place-de-la-Bourse • ☎ 05 56 52 10 29 • www.restaurantfufu.fr • T.l.j. 11h30-15h30 et 18h30-23h • Ramen *9,50-12,50 € • Autre adresse : 71, cours Portal (plan C2) ; ☎ 05 57 83 41 49) ; mêmes horaires.*

Madame Pang

Bar à *dim sum* 16 Plan H7

Si vous êtes amateur de bouchées vapeur, alors ce bar à *dim sum* est fait pour vous. Jérôme et Harmonie Billot ont rapporté de Hong Kong, où ils ont travaillé précédemment, un savoir-faire et de nombreuses recettes. Ils vous embarquent pour un vrai voyage culinaire dans l'assiette. Cocktails et musique également au rendez-vous.

16, rue de la Devise • Tram Sainte-Catherine • ☎ 05 56 38 47 13 • www.madame-pang.com • Mar.-dim. 19h-2h • Dim sum *7-8 € pour 2 à 3 pièces selon les choix.*

L'Originel

Cuisine française 17 Plan H7

L'un des meilleurs rapports qualité/prix de la ville. Benjamin da Cunha et Jonathan Dalvy proposent une cuisine gourmande, juste, précise, où l'énergie se concentre sur l'essentiel, le contenu de l'assiette. C'est extrêmement bien fait. Accueil chaleureux.

35, rue du Loup • Tram Place-du-Palais • ☎ 05 56 44 21 19 • Mar.-sam. 12h-14h30 et 19h30-21h30 • Menus 18 € (entrée + plat ou plat + dessert) et 21 € (entrée + plat + dessert) ; menu l'Originel 39 €.

Le Chien de Pavlov

Néobistrot 18 Plan H7

Vous vous y régalerez d'une daurade royale, lentilles corail, sauce *yuzu*, d'un burger de cochon, sauce barbecue, oignon grillé, grenailles, ou encore d'un saumon mariné, verveine, citron, betterave, pomme et radis noir. La cuisine est créative et décomplexée, les produits sont frais et de saison. Carte courte changeant très régulièrement. Une très bonne adresse.

45-47, rue de la Devise • Tram Place-de-la-Bourse • 05 56 48 26 71 • www.lechiendepavlov.com • Mar. 16h-23h, mer.-sam. 10h-23h • Midi : entrée ou dessert 7 €, plat 14 €; soir : entrées 10-13 €, plats 19-23 €, dessert 10 €; menu dégustation 45 €.

L'Avant Comptoir du Palais

Tapas

19 Plan H7

Julien Camdeborde, le neveu d'Yves, reprend la formule de son oncle, qui a fait son succès : des tapas cuisinées, des producteurs locaux et une ambiance Sud-Ouest, le tout pour un déjeuner ou un dîner en toute convivialité.

2, pl. du Palais • Tram Place-du-Palais • 05 57 14 94 85 • www.camdeborde.com • Lun.-dim. 12h-23h • Assiette de tapas 7-15 €.

Mampuku

Fusion

20 Plan I7

Cuisine fusion d'inspiration japonaise, moyen-orientale, asiatique et française. Le concept : des plats à partager entre convives. Voyage culinaire garanti pour notre plus grand plaisir : salade tahitienne au thon cru et lait de coco, aubergine fumée au lait fermenté, miel et grenade, salade de fleurs de bananier, poulet et racines de lotus… Carte des vins à l'image de la cuisine, très cosmopolite.

9, rue Ausone • Tram Place-du-Palais • 05 56 81 18 75 • www.mampuku.fr • Mar.-sam. 12h30-14h et 19h30-22h30 • Le midi : 3 plats 16 €, 4 plats 19 €; le soir : 4 plats 29 €, 7 plats 36 €.

C'yusha

Cuisine moderne

21 Plan I7

Pierrick Célibert, le chef du C'yusha, travaille seul, devant ses clients. Il propose une cuisine inspirée, juste, précise, faite uniquement de produits de saison, certains arrivant directement de son jardin. Craquez pour les aiguillettes de saint-pierre au beurre d'agastache, artichaut de Macau de M. Lacroix aux coques, crambe maritime et betterave d'Aurore. Superbe !

12, rue Ausone • Tram Place-du-Palais • 05 56 69 89 70 • www.cyusha.com • Mar.-jeu. 12h-13h30 et 19h30-21h30, ven.-sam. 19h30-21h30 • Midi : formule 20 € (3 plats); soir : menus 36 et 46 €.

La Maison du Glacier

Glacier

22 Plan H7

Ici, vous trouverez une sélection de 80 parfums de glaces et sorbets, dont 60 sont bio, élaborés de façon artisanale : menthe feuille, rhubarbe, groseille, thé vert matcha, tout est absolument succulent. Des glaces à emporter ou à déguster sur place sur la très jolie terrasse (mais attention, c'est plus cher) accompagnées d'une limonade bio ou d'un bon thé. Les

Funky Burger

coupes à composer soi-même sont servies avec une chantilly bio et un coulis au choix chocolat noir bio, framboise ou caramel fleur de sel.

1, pl. Saint-Pierre • Tram Place-de-la-Bourse • 06 35 45 50 07 • T.l.j. 13h30-22h30 • 1 boule 4 €, 2 boules 7 €, 3 boules 10 €, 4 boules 13 €.

Funky Burger

Burgers

23 Plan H7

Ambiance jeune et décontractée, frites maison et burgers aux noms originaux : « Je suis ton père » (steak 100 g, cheddar, chorizo, oignons caramélisés), « Tu ne rouleras pas une pelle ce soir » (steak 100 g, oignons caramélisés, au choix : camembert, chèvre miel, reblochon, fourme d'Ambert) ou encore « T'es Grav'lax » (saumon gravlax, crème légère au wasabi, concombre).

5, rue du Loup • Tram Sainte-Catherine • 05 56 81 55 50 • Mar.-sam. 12h-14h et 19h-22h, dim. 19h-22h • Burgers 8-10 €; formule 19 €.

Akashi

Cuisine du terroir

24 Plan H7

Chef japonais pour une cuisine française pour ce petit établissement de qualité qui a élu domicile dans un nouveau lieu. Travail de précision, sincérité et amour du terroir se reflètent dans l'assiette.

45, rue du Loup • Tram Sainte-Catherine • 05 57 99 95 09 • www.akashibordeaux.fr • Mar. 19h45-22h, mer.-sam. 12h-14h et 19h45-22h • Midi : menu 18-21 €; soir : menu découverte 49 €, menu dégustation 68 €.

La Fabrique Givrée

Glacier

25 Plan H7

À classer dans le top des glaciers de Bordeaux ! Matières premières rigoureusement sélectionnées et saveurs intenses. Goûtez la glace au pain grillé, surprenante et délicieuse.

25, rue du Pas-Saint-Georges • Tram Place-de-la-Bourse, Sainte-Catherine ou Place-du-Palais • ☎ 09 83 08 02 95 • www.lafabriquegivree.com • Avr.-oct. : t.l.j. 13h-19h (23h juin-août), nov.-fév. : mer.-dim. 13h-19h • 1 boule 3 €, 2 boules 5 €, 3 boules 6,50 €, 4 boules 8 €.

La Diplomate

Salon de thé

26 Plan H7

Très joli salon de thé à l'ambiance cosy. Assortiment varié : thés noirs, blancs, verts, rooibos, infusions, Oolong et Puerh. L'été : thés glacés très rafraîchissants. Pâtisseries et scones excellents.

32, rue du Parlement-Saint-Pierre • Tram Place-de-la-Bourse • ☎ 05 56 81 65 42 • www.ladiplomate.fr • Mar.-dim. 14h-19h • Thé glacé à partir de 4 € ; vente de thé à emporter.

Cru

Bistronomie

27 Plan H7

Avis aux amoureux de tartares et de carpaccios : Élodie Pichard, la jeune cheffe, élabore ici une carte courte et raffinée, à base de produits extra-frais et locaux. Les frites maison sont la seule nourriture cuite ! Ceviche de cabillaud, jambon Serrano 24 mois, tartares de bœuf, de canard IGP Sud-Ouest ou de saint-jacques : il y a de quoi satisfaire tous les palais. On apprécie le menu enfant avec steak à cheval de Gaspard et frites.

33, rue des Bahutiers • Tram Place-du-Palais • www.cru-restaurant-bordeaux.eatbu.com • ☎ 05 24 72 24 14 • Lun.-mer. 19h-22h, jeu.-sam. 19h-22h30 • Entrée 10-14 € ; plat 17-24 € ; dessert 6-7 € ; menu enfant 10 €.

Loulou

Bistronomie

28 Plan H7

Situé juste à côté de l'église Saint-Pierre, Loulou sert une cuisine française réalisée à partir de produits frais et de saison. Suprême de poulet fermier aux morilles et son crémeux de topinambours, blettes et noisettes ; dos de cabillaud avec émulsion agrumes, fenouil et pignons ; risotto végétarien du moment… Accueil chaleureux et service attentionné.

16, rue de la Cour-des-Aides • Tram Place-de-la-Bourse • www.loulourestaurant.fr • ☎ 05.56.48.21.28 • Lun. 19h-minuit, mar.-sam. 12h-15h et 19h-minuit • Formule midi 16 € ; soir 20 € ; plats 20-24 €.

Osteria Palatino

Italien

29 Plan H7

Dans cette taverne italienne au décor léché et exubérant comme le sont les adresses de l'enseigne Big Mamma, l'accueil est chaleureux, et la cuisine excellente. Tout y est fait maison, les produits italiens sont sourcés avec soin et importés directement. *Antipasti*, pâtes (ne ratez pas la spécialité de la maison : les fameuses pâtes à la truffe !), pizzas, sans oublier les plats du chef (poulpe, cochon farci...) : un régal à l'italienne !

8, rue de la Merci • Tram Sainte-Catherine • www.bigmammagroup.com/fr/trattorias/palatino • 05 33 89 15 24 • T.l.j. 12h-14h15 (15h sam.-dim.) et 18h45-22h45 • Antipasti 7-12 €; pâtes 13-19 €; pizzas 12-18 €.

Bars, clubs Sorties

La Comtesse

Bar 7 Plan H7

D'après les Bordelais, vous goûterez ici le meilleur mojito de Bordeaux. La recette : ils y ajoutent quelques framboises fraîches, ça change tout ! Également une belle carte variée de vins et de cocktails. Ambiance brocante vintage. Souvent bondé.

25, rue du Parlement-Saint-Pierre • Tram Place-de-la-Bourse ou Grand-Théâtre • 05 56 51 03 07 • T.l.j. 17h45-2h.

Charles Dickens

Pub 8 Plan H7

Ce pub anglais propose un assortiment de bières à la pression ou en bouteilles (Brasserie Wells & Young) en provenance directe du Bedfordshire, un comté d'Angleterre situé au nord de Londres. Et comme dans tous les pubs, tournois de fléchettes, jeux, retransmissions de grands événements sportifs et quiz pour tous. Terrasse très agréable aux beaux jours.

9, quai de la Douane • Tram Place-de-la-Bourse • 05 56 30 41 96 • www.charlesdickenspub.fr • Mer.-ven. 16h-2h, sam. 15h-2h, dim.-mar. 16h-minuit.

Le Wine Bar

Bar à vins 9 Plan H7

Laissez-vous conseiller par les deux compères du lieu. Côté vins, c'est Giancarlo qui vous guide dans sa sélection de 260 crus de France, du continent américain et d'Italie. Côté cuisine, c'est Emmanuel qui officie. Produits italiens et spécialités régionales vous régaleront. Comme un air de dolce vita à Bordeaux.

19, rue des Bahutiers • Tram Place-du-Palais ou Place-de-la-Bourse • 06 76 00 50 54 ou 05 40 25 15 74 • www.lewinebar-bordeaux.com • T.l.j. à partir de 19h.

The Houses of Parliament

Pub 10 Plan H7

Pub anglais situé en plein cœur de Bordeaux. Neuf bières pression au choix et quatre téléviseurs HD grand écran pour ne rien rater des retransmissions sportives. Beaucoup d'animations que vous pourrez trouver sur la page Facebook, par exemple le mercredi karaoké, jeudi petits prix pour les étudiants, vendredi musique live et dimanche quiz !

11, rue du Parlement-Sainte-Catherine • Tram Place-de-la-Bourse ou Grand-Théâtre • ☏05 56 79 38 03 • www.hop-pub.com • Mar-mer. 17h-20h, jeu. 17h-2h, ven. 16h-2h, sam. 15h-2h, dim. 18h-minuit • Happy hour *mar.-dim. 18h-20h.*

Aux Quatre Coins du Vin

Bar à vins

11 Plan H7

Ce bar à vins à la déco chaleureuse, l'un des meilleurs de la ville, propose pas moins de 30 vins à déguster au verre (bordeaux et vins du monde), dans trois formats possibles (3, 6 et 12 cl). Également 200 références de bouteilles de rouge, blanc, rosé, jaune et champagne. Assiettes de charcuterie et de fromages à partager.

8, rue de la Devise • Tram Place-du-Palais ou Place-de-la-Bourse • ☏05 57 34 37 29 • www.aux4coinsduvin.com • Lun.-sam. 18h-2h • Assiettes 2-15 €.

Le Pavillon Noir

Rhumerie

12 Plan H7

Ce bar au décor sombre avec salle voûtée propose surtout des rhums (70 de différentes origines à la carte). Laissez-vous tenter par leurs délicieux rhums arrangés (à choisir parmi plus d'une trentaine). Ambiance musicale : rock, metal, hard-rock. Évitez le rhum-piment que le barman sert aux clients énervés !

5, rue du Cerf-Volant • Tram Place-du-Palais ou Porte-de-Bourgogne • ☏09 51 31 49 22 • Mer-dim. 17h-2h.

Café Brun

Café Brun

Pub

13 Plan H7

Un pub chaleureux et festif, spécialisé dans les whiskies du monde (irlandais, japonais, gallois, écossais... et notamment un Glenfarclas 25 ans d'âge). La clientèle, hétéroclite, mêle étudiants, touristes, fêtards et jeunes cadres dynamiques. Jolie décoration chinée dans un esprit très vintage. DJ's et concerts chaque jeudi et dimanche soir.

45, rue Saint-Rémi • Tram Grand-Théâtre ou Place-de-la-Bourse • ☏05 56 52 20 49 • Lun.-sam. 10h30-2h, dim. 18h30-2h • Whiskies 7-25 €.

Utopia

CanCan « Coquetels & Flonflons »

Speakeasy

14 Plan H7

Une devanture de librairie, une porte cachée dans une ancienne cabine téléphonique… Dommage que l'on voie l'intérieur du bar depuis la rue, sinon la surprise serait totale. Cocktails et mocktails excellents et originaux. Concerts live jazz le dimanche soir, soirée *« strictly vinyl »* le jeudi. Programmation sur leur page Facebook.

7, rue du Cerf-Volant • Tram Place-du-Palais ou Porte-de-Bourgogne • ☎ 05 56 06 55 11 • Mar.-jeu. 18h-1h, ven.-sam. 17h-2h.

Le Trou Duck

Bar gay

15 Plan H7

C'est l'un des plus anciens bars gays bordelais. Grande terrasse très agréable, petite piste de danse à l'intérieur. Excellente ambiance. Il y a même des jeux de société pour aider à faire connaissance.

33, rue des Piliers-de-Tutelle • Tram Grand-Théâtre ou Place-de-la-Bourse • ☎ 05 56 51 26 87 • Dim.-mar. 19h-2h, mer. et ven. 14h-2h, jeu. et sam. 16h-2h.

Utopia

Cinéma

16 Plan H7

Ancienne église réaménagée depuis près de 15 ans en un cinéma indépendant de type « art et essai », également lieu d'échanges et de conférences. Cela vaut vraiment le coup d'entrer, ne serait-ce que pour voir le lieu. Vous pouvez également y prendre un verre. Voir aussi p. 43.

5, pl. Camille-Jullian • Tram Sainte-Catherine • ☎ 05 56 52 00 03 • www.cinemas-utopia.org/bordeaux • T.l.j. (selon séances) 10h-minuit • Entrée 7 €.

Hôtels B&B

Quality Hôtel Bordeaux centre

Hôtel moderne

Plan H7

Idéalement situé en pleine zone piétonnière et au cœur du quartier historique, cette adresse à la déco contemporaine réserve un excellent accueil.

27, rue du Parlement-Sainte-Catherine • Tram Grand-Théâtre • 05 56 81 95 12 • www.quality-bordeaux-centre-hotel.at-hotels.com • Chambre : 150 € • Tarif préférentiel au parking des Grands-Hommes, à 5 min à pied.

Shopping Cadeaux

Jane de Boy

Mode femme 7 Plan H7

Sélection unique, impertinente et décalée, réalisée par deux amatrices de shopping parmi plus de 300 marques de mode, design, accessoires et beauté. Idéal pour celles qui pensent qu'elles n'ont plus rien à se mettre !

8, cours du XXX-Juillet (1er étage) • Tram Grand-Théâtre ou Place-de-la-Bourse • 05 56 30 19 28 • www.janedeboy.com • Lun.-sam. 10h-19h30 • T-shirt à partir de 45 €, jean à partir de 100 €.

Adélaïde

Mode femme 8 Plan H7

Prêt-à-porter (dont la très jolie marque bordelaise French Disorder), bijoux, accessoires, pochettes, chaussures signées Patricia Blanchet, etc. Si vous êtes fan de shopping, poussez la porte, vous n'en ressortirez pas bredouille.

1, rue des Lauriers • Tram Place-de-la-Bourse • 09 86 28 45 85 • www.boutique-adelaide.com • Lun. 14h-19h30, mar.-sam. 11h-19h30 • Tops : 36-69 €, robes : 69-175 €, chaussures : 130-295 €, accessoires : 30-80 €.

Michard Ardillier

Chaussures 9 Plan H7

Véritable institution bordelaise, Michard Ardillier propose dans sa grande boutique de la rue Sainte-Catherine (300 m²) plus de 1 500 modèles de chaussures représentant une centaine de marques, des plus classiques aux plus pointues (Karine Arabian, Chie Mihara).

Michard Ardillier

10, rue Sainte-Catherine • Tram Grand-Théâtre • 05 56 81 86 92 • www.michardardillier.com • Lun.-ven. 10h15-19h, sam. 10h-19h • À partir de 100 € la paire de chaussures.

Cousin et Compagnie

Cave à vins 10 Plan H7

On aime beaucoup l'idée directrice des « cousins » : « Si c'est bon, nous l'avons ; si nous l'avons, c'est bon ! » L'adresse est incontournable. Vins de qualité avec des bouteilles d'ici et d'ailleurs. C'est jeune et dynamique, et on désacralise le vin. Très bel accueil et très bons conseils.

2, rue du Pas-Saint-Georges • Tram Place-de-la-Bourse • 05 56 01 20 23 • T.l.j. 10h-22h.

Graduate

Mode homme 11 Plan H7

Deux boutiques, l'une proposant des pièces classiques et intemporelles, et l'autre des marques plus récentes et innovantes, dans la tendance du moment. Quelle que soit l'occasion, vous trouverez chez Graduate de quoi vous habiller.

62-63, rue du Pas-Saint-Georges • Tram Sainte-Catherine ou Musée-d'Aquitaine • 05 56 58 12 83 • www.graduatestore.fr • Lun.-sam. 10h30-12h30 et 14h30-19h • T-shirts : 45-130 €, pulls : 90-350 €, chaussures : 70-600 €.

Lili Cabas

Maroquinerie 12 Plan H7

Retrouvez dans cette boutique bordelaise les créations de la marque Lili Cabas : sacs, pochettes, accessoires et aussi des chaussures de marques tendance (Patricia Blanchet, Eponyme).

78, rue du Pas-Saint-Georges • Tram Place-du-Palais ou Place-de-la-Bourse • 09 72 84 92 45 • www.lilicabas.com • Mar.-ven. 13h-19h, sam. 11-19h • Grands sacs : 150-245 €, petits sacs 72-160 €.

Le Dressing des Copines

Mode femme 13 Plan H7

Ici, on déniche des marques à la pointe de la tendance, aussi bien côté vêtements que côté accessoires (bijoux, pochettes, sacs). Si vous êtes fan de marques comme Suncoo, La Petite Française, Lynn Adler, c'est là qu'il faut aller.

11, rue du Pas-Saint-Georges • Tram Sainte-Catherine ou Place-de-la-Bourse • 05 56 30 41 98 • Lun.-sam. 10h30-20h, dim. 14h-19h. • Top ou robe : 30-40 €.

Lodge

Déco 14 Plan H7

Très jolis objets et vaisselle dans cette boutique qui laisse la place aux matériaux naturels (le bois, la céramique) et aux artisans respectueux des matières et de l'environnement. Craquez pour des assiettes en bambou ou pour un bol en manguier. Marques

représentées : Nkuku, BsaB, Muubs, ou encore Serax. Superbe !

6, rue du Pas-Saint-Georges • Tram Place-du-Palais ou Place-de-la-Bourse • 05 56 81 02 24 • www.lodge-boutique.fr • Lun. 13h-19h, mar.-sam. 10h-19h • Assiette en bambou : 25 €; bol en manguier : 14-21 €.

Black Sheep

Mode homme

15 Plan H7

Vêtements, chaussures, sacs, lunettes, montres, casquettes composent l'assortiment de cette boutique. Marques représentées : Selected, Makia, Ben Sherman, etc. De quoi vous constituer la panoplie du parfait *hipster*. Excellent accueil.

16, rue du Pas-Saint-Georges • Tram Sainte-Catherine ou Place-de-la-Bourse • 09 63 58 40 54 • www.blacksheepstore.fr • Lun.-sam. 10h30-19h, dim. 13h30-18h en été.

Matsaï Mara

Bijouterie

16 Plan H7

Très jolis bijoux, originaux : sautoirs, bagues, colliers et bracelets. Également des vêtements, des sacs, des accessoires et des cosmétiques. L'endroit idéal pour choisir des cadeaux qui sortent de l'ordinaire.

20, rue du Pas-Saint-Georges • Tram Place-du-Palais ou Place-de-la-Bourse • 05 56 81 35 61 • www.matsai-mara.com • Lun.-sam. 10h-20h, dim. 14h-19h • Bagues : 30-125 €; bracelets 39-139 €.

Idk-lé

Chaussures et accessoires

17 Plan H7

Jolis sacs, jolis bijoux et jolies chaussures (oui, tout est joli) dans un esprit ethnico-

chic : cuirs naturels, matières nobles. Catherine, la créatrice de la boutique, aime les belles choses, et cela se voit.

19, rue du Pas-Saint-Georges • Tram Place-du-Palais ou Place-de-la-Bourse • ☏ 05 56 79 25 18 • Lun. 13h30-19h30, mar.-sam. 10h-19h30 • Chaussures : 95-350 € ; bijoux : à partir de 45 €.

Mint Bazar

Concept store

18 Plan H7

Concept store pour les filles ! Des vêtements de créateurs (Marie Sixtine, Stella Forest), des bijoux, des pochettes (Petite Mendigote), des petits carnets tout mignons, des gadgets qu'il vous faut absolument, des sacs, des bougies, des tatouages éphémères Siouu, etc. Difficile d'en sortir les mains vides.

48, rue du Pas-Saint-Georges • Tram Sainte-Catherine ou Place-de-la-Bourse • ☏ 09 66 01 37 56 • www.mintbazar.fr • Lun. 14h-19h, mar. 11h-19h, mer.-sam. 10h-19h • Tatouages éphémères : 5-15 €.

Le Petit Souk

Enfants

19 Plan H7

Si vous avez un cadeau à offrir à un jeune enfant, c'est le Petit Souk qu'il vous faut. Cela vous donnera même envie d'avoir des bébés si vous n'en avez pas. Tout est si mignon ! Peluches, boîtes à musique, petite mercerie, meubles ou papeterie, c'est un joyeux bazar.

26, rue du Pas-Saint-Georges • Tram Place-du-Palais ou Place-de-la-Bourse • ☏ 05 56 90 83 01 • www.lepetitsouk.fr • Lun.-sam. 10h-19h • Peluches : 8-100 €; boîtes à musique : 20-25 €; cahier Papi, Mamie et moi *: 11,90 €.*

La Machine à Lire

Librairie

20 Plan H7

Une étonnante librairie s'est installée en 1996 dans cet ancien bâtiment du XVIIe s. La particularité du lieu est d'avoir gardé intacts les voûtes et les murs de pierre. Fraîcheur et ambiance cosy garanties !

8, pl. du Parlement • Tram Place-de-la-Bourse • ☏ 05 56 48 03 87 • www.lamachinealire.com • Lun. 14h-20h, mar.-sam. 10h-20h.

LE TOP DES GLACIERS ET CHOCOLATIERS

Pour une pause gourmande, faites-vous partie de l'équipe glace ou de l'équipe chocolat chaud? Pas nécessairement besoin de choisir, nous direz-vous, et vous aurez raison! Que vous visitiez Bordeaux en hiver ou en été, vous trouverez toujours de quoi vous régaler.

La Maison du Glacier

On y déguste des glaces principalement bio et artisanales, avec chantilly et coulis au choix pour agrémenter les 80 parfums.

Voir p. 47, quartier 2, Saint-Pierre.

La Fabrique Givrée

Le meilleur glacier de Bordeaux ! Courez-y pour ses parfums à base de fruits de la vallée du Rhône, comme la nectarine ou l'abricot, et son parfum pain grillé.

Voir p. 49, quartier 2, Saint-Pierre.

Glacerie Dumas

Des glaces, oui, mais aussi des gâteaux glacés. Idéal pour les jours de forte chaleur!

Voir p. 65, quartier 3, Saint-Éloi et Saint-Paul.

Dardenne

Des chocolats chauds au bon chocolat bio, équitable et fait avec amour au pied des Pyrénées.

Voir p. 96, quartier 7, De Gambetta à Mériadeck.

Chocolaterie Lalère

On se délecte de délicieux chocolats chauds dans cet établissement cosy et raffiné, à l'accueil attentionné.

Voir p. 105, quartier 8, Le Jardin public et Saint-Seurin.

La Fabrique Givrée

L'ART SANS MANIÈRES

Patrimoine classé par l'Unesco, musées réputés, bâtiments Renaissance et médiévaux déployant au fil des rues les traces d'un art longtemps réglementé : Bordeaux arbore un héritage artistique séduisant mais ne s'est jamais privé d'innover et de faire valser quelques carcans. Suivez-nous dans ce Bordeaux inspirant, décalé et contemporain.

Urbanisme : ça bouge !

Bordeaux a connu des périodes d'urbanisme fortement marquées : styles gothique, classique, Arts déco… Côté architecture, habituez-vous à trois termes ici : les **échoppes** (maisons basses typiquement locales), les **mascarons** (visages de pierre souvent farfelus, hérités de la mode italienne du XVIIIe s., qui vous toisent depuis les portes et fenêtres) et les **portes** (grandes arches, créations de **Tourny** ou vestiges de remparts médiévaux). C'est surtout le Bordeaux des intendants du roi Boucher et Tourny (XVIIe-XVIIIe s.) qui saute encore aux yeux aujourd'hui. Mais, pour changer du classique, optez pour une visite de la ville sous l'angle de l'art contemporain sur la rive droite, où l'urbanisme du XXe s. s'exprime. Pour la municipalité, toute la difficulté fut de faire cohabiter la beauté figée du Bordeaux historique avec ses ambitions contemporaines : **Miroir d'eau, pont Chaban-Delmas, Cité du Vin** montrent que le pari est réussi. L'inauguration du **tramway** fut aussi l'occasion d'un programme artistique lancé en 2002 : des œuvres d'art contemporain, commandées à des artistes, comme le célèbre ***Lion*** de Veilhan, place Stalingrad, ont été disséminées sur le parcours du tram.

Bassins à flot

Bordeaux, ville muse…

Vous entendrez forcément parler des « 3 M » : Montaigne, Montesquieu et Mauriac, ces trois célèbres résidents dont les Bordelais sont très fiers. Bordeaux vit également naître Jean Anouilh et Rosa Bonheur, et accueillit le jeune La Boétie au parlement de Guyenne. D'autres illustres personnages, de passage, ont été touchés par cette ville, comme Victor Hugo ou Marceline Desbordes-Valmore. Et à quelques kilomètres, le bassin d'Arcachon inspira notamment Jean Cocteau, fidèle amoureux du Piquey.

Alternatif et décalé

Évidemment, il y a le **CAPC** – musée d'Art contemporain de Bordeaux, qui a bouleversé les mœurs en devenant un lieu de médiation et de création débridée. La Ville ainsi que des associations tiennent à rendre l'**art contemporain** présent dans la cité, et à permettre son accès au plus grand nombre à travers des performances et événements ouverts à tous : Regard 9, Chahuts, FAB, Evento, Allez les filles… Les arts urbains ne sont pas oubliés, le graf' a droit de cité à **Darwin** ou encore au **M.U.R** des Chartrons. Le collectif **Transfert** a régalé les amateurs en investissant l'ancienne préfecture de police et les bâtiments d'un magasin Virgin désaffecté. Enfin, Bordeaux a vu s'installer sur les quais de Brazza la **Fabrique Pola**, un lieu novateur dédié à la création contemporaine.

Dans les vignes aussi

Le vignoble bordelais se voit trop souvent affubler d'une étiquette un peu vieillotte et poussiéreuse. Et pourtant, côté **musique**, des festivals y sont régulièrement organisés, comme à Pauillac ou à Saint-Émilion. Direction les chais : certains châteaux comme Lynch-Bages sont des **lieux d'exposition**, et au château d'Arsac, des **œuvres contemporaines** sont disséminées dans le vignoble. Les chais deviennent parfois des œuvres eux-mêmes : de grands **architectes modernes**, comme **Jean Nouvel** ou **Christian de Portzamparc**, ont contribué au renouveau de certains domaines tels que Cheval Blanc, Angelus, la Dominique, les Carmes Haut-Brion… Des visites sur ce thème sont organisées depuis la Cité du Vin. ■

Rive droite, le Bordeaux du XXIe s.

Déambuler rive droite, c'est plonger dans le Bordeaux ultra-contemporain. Celui-ci recèle des trésors qui surprendront les passionnés d'architecture : les Ateliers du tramway (rue Bouthier, plan D3), les Grands Moulins de Paris (38, quai de Brazza, plan D3), les Archives municipales (plan D3), la gare d'Orléans transformée en cinéma (quai des Queyries, plan D4) et la caserne de la Benauge (1, rue de la Benauge, plan D4). Admirez aussi la haute tour de séchage des années 1950.

Plan balisant l'architecture contemporaine disponible auprès de l'office de tourisme : 2 €.

SAINT-ÉLOI ET SAINT-PAUL

3

Entre le cours d'Alsace-et-Lorraine et le cours Victor-Hugo, vous êtes encore dans le vieux Bordeaux, probablement dans la partie qui a le mieux conservé ses charmes médiévaux. Devantures vintage et dédale de ruelles pavées offrent l'une de nos promenades coups de cœur, où l'air ambiant vous parlera de Montaigne, de La Boétie, de Montesquieu, et où vous croiserez l'une des célébrités bordelaises : la Grosse Cloche.

La Grosse Cloche

1 Grosse Cloche✦✦✦

Si ce sobriquet n'est pas des plus élégant pour la belle Armande-Louise, il n'en est pas moins affectueux ! Il faut dire que ses courbes girondes de plus de 7 800 kg attirent le regard, et sa voix fait la fierté des Bordelais depuis le Moyen Âge.

Fille du Moyen Âge

La Grosse Cloche est le beffroi de l'hôtel de ville, érigé au XVe s. en lieu et place de l'ancienne porte Saint-Éloi. Elle est mitoyenne de l'église du même nom, qui vaut elle aussi la visite. À l'époque, Bordeaux est sous domination anglaise mais une jurade est désignée pour administrer les affaires courantes : elle s'installe ici. L'ancienne porte d'enceinte a tout de même gardé les traces de son rôle défensif : observez les meurtrières. Avec ses deux belles tourelles de 40 m de haut et son dôme central, son style médiéval fait écho à la porte Cailhau (ne confondez pas les deux…).

Observez le blason de la ville sur sa façade : vous ne remarquez rien ? L'édifice y figure, mais avec quatre tours, deux ont été détruites avec le temps. Évidemment, ce blason n'est pas celui d'origine puisqu'on y voit des fleurs de lys, ajoutées après que Bordeaux a perdu l'accent britannique.

Le vrai accent bordelais, c'est elle !

À l'époque, les jurats sonnaient la Grosse Cloche pour annoncer les vendanges ou alerter les habitants d'un danger. Les Bordelais en étaient si fiers (c'était leur dernier symbole d'autonomie) que le roi en fit un moyen de pression : à la suite d'une révolte de la population contre la taxe sur le sel en 1548, celui-ci les punit en « emprisonnant » leur cloche chérie au fort du Hâ. Il les réduisit symboliquement au silence...

Cet épisode de révolte écrasée, appelé « jacquerie des Pitauds », inspira le *Discours de la servitude volontaire* de La Boétie. Aujourd'hui, les Bordelais sont libres, mais quand sonne Armande-Louise, c'est toujours un événement. Et vous avez de la chance : elle donne de la voix le 1er dimanche de chaque mois !

Et à part la cloche ?

La visite guidée vous fera découvrir les entrailles du beffroi. On enfermait dans ses geôles les petits délinquants. Quelques marches plus haut, vous pourrez observer et écouter le bruit sourd du mécanisme de la grande horloge. Que ce soit depuis le cours Victor-Hugo (vous aurez une vue plongeante depuis le dernier étage du parking) ou côté rue Saint-James, prenez du recul pour capter l'entière beauté de ce monument qui mérite bien de figurer sur le blason bordelais !

1, rue Saint-James • Visite guidée slt • Juin-sept. : t.l.j. 13h-19h ; mars-mai et oct.-nov. : sam. 14h-17h • Billets sur place : 5 € • Résa à l'office de tourisme ou sur www.visiter-bordeaux.com

Pause cocooning : Books and Coffee

Dans ce joli établissement très chaleureux d'inspiration new-yorkaise, il fait bon s'arrêter pour un casse-croûte gourmand (3 plats au choix) ou une pause thé ou café. Belle carte de cafés de différentes provenances.

30 ***26, rue Saint-James • ✆05 56 81 47 41 • Lun.-sam. 8h-22h, dim. 10h30-22h • Brunch lun.-sam. : 21 €, dim. : 23 € • Cappuccino : 3,90 € ; jus de fruits bio : 4,70 €.***

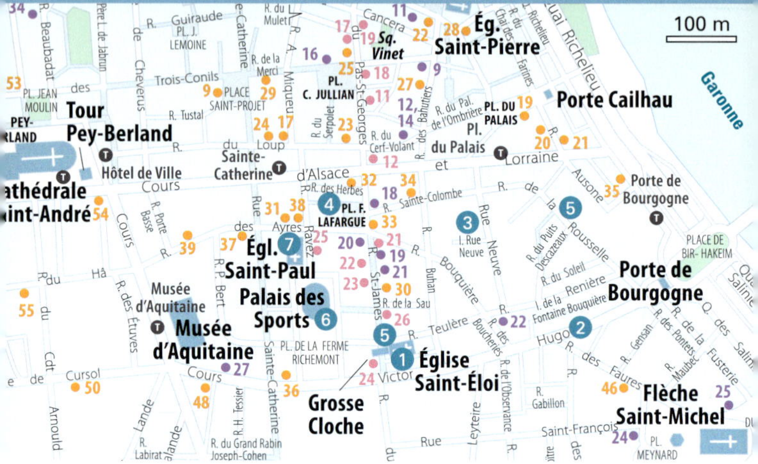

❷ Cours Victor-Hugo✦✦

Il a pour surnom « les fossés », car au Moyen Âge se trouvaient ici ceux des remparts. Au nº 52, une grille ferme l'intrigante **impasse de la Fontaine-Bouquière,** dans laquelle se trouvait un point d'eau entre les deux murailles d'enceinte, 10 m sous le niveau de l'actuel cours. Les mendiants et les prostituées venaient y boire et se laver. À voir aussi, tout à l'est du cours Victor-Hugo, dans son alignement, la **porte de Bourgogne,** témoin de l'œuvre de l'intendant Tourny (p. 208).

❸ Impasse Rue-Neuve✦✦

Les rues se font plus étroites et retrouvent le charme des pavés irréguliers. Cette toute petite impasse a deux secrets : au nº 5, **la plus vieille maison de Bordeaux** (XIIIe s.), et tout au bout (allez-y en silence car il s'agit désormais d'une propriété privée…), derrière une grille, l'**ancienne maison de Jeanne de Lartigue,** qui ne fut autre que l'épouse de Montesquieu. Un style Renaissance bien conservé pour cette belle demeure du XVIe s.

❹ Place Fernand-Lafargue✦✦

Ancien parking totalement réhabilité au début des années 2000, cette place devait rendre plus douce la vie du quartier qui n'avait pas encore été autant investi par les commerces à la mode. Pari réussi ! On choisira une terrasse pour boire un verre (petite préférence pour L'Œnolimit...) ou l'on se posera glace à la main sur un muret, sans trop penser qu'ici, au Moyen Âge, le bourreau venait torturer les hors-la-loi sur celle qui s'appelait encore « place du Marché ».

5 Rue de la Rousselle et rue Saint-James**

Rues étroites à l'ambiance médiévale qui plaisait tant à Mauriac, vous y trouverez des boutiques de créateurs et de petits artisans à la devanture délicieusement vintage, et quelques vélos à faible allure évitant les chats se dorant au soleil. On dit le quartier nouvellement *hipster* avec ses barbiers et sa « Recharge » (la première épicerie sans emballage jetable à sa création). Au 23, rue de la Rousselle se trouve la **maison familiale de Montaigne,** où il logeait quand ses brillants *Essais* furent publiés pour la première fois à l'imprimerie de Simon Millanges rue Saint-James (à prononcer à la gasconne et non à l'anglaise pour ne pas trahir votre statut de touriste...). Ne manquez pas la façade remarquable située à l'angle de la rue Saint-James et de la rue Teulère.

Porte de Bourgogne

6 Palais des Sports*

Il fut construit dans les années 1950, dans le style dit « techniciste » parmi les modes de l'époque. Aujourd'hui rénové (notamment l'ancien marché Victor-Hugo), il rompt de façon surprenante l'harmonie médiévale et l'ambiance un peu bohème du quartier. Côté cours Victor-Hugo, on peut voir en hauteur une voiture faussement encastrée à l'étage du bâtiment, un détail qui plaît beaucoup aux enfants !

Pl. de la Ferme-de-Richemont.

7 Église Saint-Paul*

Une belle petite église « dans son jus », fondée par les jésuites au XVIIe s. On apprécie son style baroque bien préservé, qui donne à l'intérieur un caractère très intime.

20, rue des Ayres • ☎ 05 57 85 59 59 • www.bordeaux.dominicains.com • Lun.-sam. 10h-12h45 et 14h30-19h30, dim. 10h-12h • Visite guidée « Ars et Fides » 1er dim. du mois 14h-17h30.

Restos | Bars | Hôtels | Shopping | Activités

Restos Bistrots

The Breakfast Club

Anglais 31 Plan H8

Envie de *fish and chips,* de *crumpets,* de scones ? Vous trouverez tout cela ici, dans une ambiance jeune. Parfaite pour un en-cas rapide, les portions sont copieuses et les prix raisonnables. Le brunch du dimanche a ses aficionados : pensez à réserver.

27, rue des Ayres • Tram Sainte-Catherine • 09 80 48 48 19 • www.thebreakfastclub.fr • Mer.-sam. 10h-18h, dim. 10h-17h • Petit déj. 12 €; brunch (dim. slt) 20 €.

Modjo

Bistronomie 32 Plan H8

Ici, les menus sont servis selon l'inspiration du chef, dans un décor élégant et contemporain. On se laisse guider et on choisit juste le nombre de plats. Cuisine française de qualité, concoctée avec des produits de saison et locaux. Coup de cœur pour le maquereau mariné, raifort et cassis. Belle carte des vins et délicieuse focaccia maison.

5, rue des Herbes • Tram Sainte-Catherine • www.modjorestaurant.com • 05 36 30 92 91 • Ven.-sam. 12h-13h30 et 19h30-21h30, dim.-mar. 19h30-21h30 • Formules du marché 18-21 €; menu Intuitions en 4 services 52 €, menu Sixième Sens 68 €.

Santosha

Thaï, indonésien 33 Plan H8

Ici, c'est la *street food* asiatique façon thaïe et indonésienne qui vous attend. Cantine à l'ambiance jeune, souvent bruyante, et petits prix et déco années 1970. Coup de cœur pour le *pad thai.* Plat végétarien possible, comme le *Bon hé* : sauté de légumes, tofu, soja et riz thaï. Souvent bondé. Vous pouvez manger sur place ou emporter.

2, pl. Fernand-Lafargue • Tram Sainte-Catherine • 05 56 44 76 56 • Dim.-jeu. 12h-15h et 19h-22h30, ven.-sam. 12h-15h30 et 19h-23h • Plats env. 12 €.

Santosha

Café Joyeux

Café, bistrot 34 Plan H8

On ne présente plus cet établissement qui emploie des personnes en situation de handicap. Ici, on cuisine tous les jours des produits frais et de saison et ce, avec le cœur. Vous pouvez vous y régaler toute la journée : café, thé, chocolats, petite restauration, plat du jour (lasagnes saumon épinards, curry d'agneau et riz basmati...). Ne partez pas sans avoir goûté les délicieux cookies ! Très agréable terrasse.

31, rue Sainte-Colombe • Tram Sainte-Catherine ou Place-du-Palais • 05 57 35 39 80 • www.cafejoyeux.com • Mar.-sam. 10h-19h (hiver) ou 22h (été) • Plat du jour 12 €; formule 13 €; cookie 3 €.

Roze

Pâtisseries, brunch 35 Plan I8

Houda, la propriétaire de ce petit lieu joliment décoré, propose des pâtisseries fines très élégantes. C'est l'endroit parfait pour une pause gourmande : brunch tous les jours comprenant boisson chaude, jus du moment, *bun* tout rose à la betterave (garni au choix de burrata, poulet ou avocat/œuf mollet) et pâtisserie au choix. Ne ratez pas les délicieuses babkas (brioches).

45, quai Richelieu • Tram Porte-de-Bourgogne • www.rozebordeaux.com • 05 57 35 30 90 • Mer.-dim. 11h-18h • Brunch 21 €; babka 3,50 € • Résa conseillée.

Il Meneghino

Italien 36 Plan H8

Giovanni Civiltà, originaire de Milan, propose un concept typiquement italien, à savoir un restaurant où vous pourrez vous régaler de l'aube à la tombée de la nuit. Ne ratez pas le délicieux *osso bucco alla milanese e verdure alla griglia.*

123, cours Victor-Hugo • Tram Musée-d'Aquitaine • 05 35 31 77 39 • Mar.-sam. 8h-21h (22h30 le sam.) • Plats 18-25 €; menus midi 15 et 19 €.

Massa

Oriental 37 Plan H8

Cantine méditerranéenne tendance orientale, sur place (petite salle) ou à emporter. Les pains pita à base de farine bio sont préparés quotidiennement, les falafels et le houmous sont excellents. À accompagner de légumes frais et de sauces et condiments, eux aussi délicieux.

36 rue des Ayres • Tram Sainte-Catherine • www.massabordeaux.com • 05 47 47 89 42 • Formule pita 7-12 €; formules 9-14 €.

Glacerie Dumas

Glaces, pâtisserie 38 Plan H8

L'originalité de cet artisan glacier est de proposer non seulement des glaces (réalisées à base de lait cru local) et sorbets mais aussi des gâteaux glacés : forêt noire, tiramisu, tarte au citron meringuée, framboisier... Si on vous dit qu'il y a aussi des cakes maison, des gaufres et une petite restauration le midi, vous aurez compris que c'est l'endroit parfait pour une pause, en intérieur ou sur la terrasse !

9, rue Ravez • Tram Sainte-Catherine • www.glaceriedumas.fr • ☏09 87 33 39 33 • Mar.-dim. 10h-19h • Pâtisserie glacée 5,70 €; milk-shake 4,50 €; coupe glacée 4,20-6,20 €; gaufre 2,40-3,10 €; formule midi 12 €.

Café Piha

Coffee shop 39 Plan H8

Un endroit parfait pour une pause thé ou café en centre-ville. L'accueil y est chaleureux, la clientèle plutôt jeune et branchée et l'ambiance musicale au top. Si les cafés de spécialités torréfiés sur place sont excellents, les amateurs de thé (verts, noirs, glacés) et de chocolat chaud (lait ou boisson végétale) y trouveront leur compte, à accompagner d'une pâtisserie ou de petite restauration.

69, rue des Ayres • Tram Hôtel-de-Ville ou Musée-d'Aquitaine • www.cafepiha.com/coffee-shop-bordeaux • ☏09 67 80 83 42 • Lun. et mer.-ven. 9h-16h30, sam. 10h-17h, dim. 10h-16h; petit déj., brunch, lunch en continu jusqu'à 14h30 en semaine et 15h w.-e. • Café 2-5 €; thé 4 €; chocolat chaud env 5 €; brunch le w.-e. 20 €.

L'Apollo

Bars, clubs Sorties

L'Apollo

Bar 18 Plan H8

Ambiance musicale soul et funk pour ce bar très fréquenté de la jeunesse bordelaise. Terrasse très agréable si vous avez la chance d'y trouver une place. Bières, cocktails, billard… c'est LE bar où vous rendre avant de sortir danser.

19, pl. Fernand-Lafargue • Tram Sainte-Catherine • ☏05 56 01 25 05 • Lun.-sam. 11h30-2h.

Wine More Time

Bar à vins 19 Plan H8

Vous pourrez déguster quelque 350 références de vins provenant en majorité de propriétaires-récoltants, 70 références de bières et même des spiritueux. Pour accompagner votre dégustation, craquez pour des assiettes de fromages, de charcuterie ou de chocolats.

8, rue Saint-James • Tram Sainte-Catherine • ☎ 05 56 52 85 61 • Lun.-jeu. 16h-23h, ven.-sam. 15h-23h30 • Verre de vin 5-8 €.

L'Amirale Bière

Bar à bières 20 Plan H8

L'Amirale Bière, c'est une fabuleuse cave à bières proposant à la dégustation une sélection, réfléchie selon les saisons et les nouveautés, de plus de 300 bières du monde. Que demander de plus ?

5, rue Saint-James • Tram Sainte-Catherine ou Porte-de-Bourgogne • www.lamiralebiere.fr • ☎ 09 83 87 46 00 • Lun.-ven. 15h-19h, sam. 11h-13h30 et 15h-19h.

Jeux Barjo

Bar à jeux 21 Plan H8

Ce bar à jeux propose un immense choix de jeux de société, des connus, des moins connus et des complètement inconnus, ainsi que des boissons, des glaces et des cookies. Ambiance très chaleureuse : un bon endroit pour passer une excellente soirée !

12, rue Saint-James • Tram Sainte-Catherine ou Porte-de-Bourgogne • ☎ 05 56 51 00 21 • Mar.-mer. 14h-minuit, jeu.-sam. 14h-2h, dim. 14h-22h.

Au Nouveau Monde

Microbrasserie 22 Plan H8

La spécificité de ce pub, en plus d'être québéco-bordelais, est de brasser sa bière juste en dessous du pub, dans la cave. Les 5 ou 6 bières maison (blanche, blonde, rousse, brune) sont bio et savoureuses. Étienne, l'alchimiste brasseur, propriétaire du lieu, produit même une spécialité, la Perle Noire, qui est un stout à l'huître ! À accompagner de quelques plats typiques comme la poutine ou l'assiette du trappeur.

2, rue des Boucheries • Tram Porte-de-Bourgogne • ☎ 09 81 18 00 54 • Lun. 18h-minuit, mar.-jeu. 12h-15h et 17h-minuit, ven.-sam. 12h-1h, dim. 12h-minuit • Happy hour 18h-20h.

Shopping Cadeaux

Chez la Petite Bordelaise

Déco 21 Plan H8

Que vous soyez fan de décoration industrielle, d'inspiration ethnique ou scandinave, ne cherchez plus, c'est le lieu où il faut vous rendre : meubles, coussins, vaisselle, déco, tout fait envie.

6, rue Saint-James • Tram Sainte-Catherine • ☎ 05 54 51 95 75 • Lun. 14h-19h, mar.-ven. 11h-13h30 et 14h30-19h, sam. 11h-19h.

Bonendroi

Déco 22 Plan H8

Difficile de décrire l'endroit si ce n'est à dire que c'est un bazar des temps modernes. Créée à Arcachon, cette marque, installée à Bordeaux depuis peu, propose dans cette grande boutique un assortiment digne d'un inventaire à la Prévert, et ce à tous les prix :

vaisselle, gadgets, vêtements, chaussures, sonnettes pour vélo, jeux de société, papeterie, etc. Il y en a pour tous les goûts.

19, rue Saint-James • Tram Sainte-Catherine ou Musée-d'Aquitaine • 05 56 23 32 12 • www.bonendroi.com • Mar.-ven. 11h-19h, dim.-lun. 13h-19h.

Mieux

Concept store 23 Plan H8

Rares sont les boutiques tendance où l'on trouve de la mode à la fois au masculin et au féminin. Chez Mieux, vous avez tout cela et plus encore. Ici, vous trouverez le T-shirt qu'il faut pour votre frère, le foulard pour votre sœur, le sac de créateur parce qu'il faut bien se faire plaisir… Une mine d'or à petits prix !

37, rue Saint-James • Tram Sainte-Catherine ou Musée-d'Aquitaine • 09 81 89 28 68 • Lun. 14h-19h, mar.-sam. 11h-19h • T-shirt : 29-49 € ; foulard : 23-55 €.

Popins

Insolite 24 Plan H8

Connaissez-vous le Popins ? C'est un porte-parapluie pour vélo. Si vous êtes amateur de petite reine quel que soit le temps, c'est l'accessoire qu'il vous faut. L'essayer, c'est l'adopter. Rendez-vous à la boutique et découvrez toutes ses caractéristiques.

55, rue Saint-James • Tram Sainte-Catherine ou Musée-d'Aquitaine • 09 52 93 42 25 • www.popins.fr • T.l.j. 10h-19h (11h sam.-dim.) • Porte-parapluie + parapluie : 59 €.

Les Comptoirs de Magellan

Cadeaux 25 Plan H8

Pénétrer dans cette boutique, c'est entrer dans une sorte de caverne d'Ali Baba dédiée aux voyages. Décoration, vêtements, vaisselle du monde, livres de voyage et de cuisine étrangère, jeux éducatifs et originaux pour enfants, vins de plusieurs continents, le tout à petits prix. Le parti pris, c'est l'évasion et cela fonctionne. Un vrai voyage hors de France sans quitter Bordeaux.

16, rue Ravez • Tram Sainte-Catherine £• 05 56 01 13 71 • Lun.-sam. 10h-20h.

Edgar

Mode homme 26 Plan H8

Pour les hommes qui aiment la mode : des vêtements stylés de marques pointues (Poyz & Pirlz, Kestin Hare, Rains, I Love Ugly, United Garment), mais aussi des chaussures (Diadora, Filling Pieces) et des accessoires. Si vous vous sentez fashion tendance *hipster*, c'est la boutique qu'il vous faut.

30, rue Saint-James • Tram Sainte-Catherine ou Musée-d'Aquitaine • 05 57 83 16 99 • www.edgar-bdx.com • Lun. 14h-19h, mar.-sam. 10h30-19h • À partir de 50 €.

LES PLUS BELLES BOUTIQUES DE DÉCO

De nombreuses boutiques spécialisées en décoration, arts de la table et design se sont ouvertes ces dernières années à Bordeaux. Situées principalement dans les quartiers Saint-Pierre et Saint-Paul, elles invitent à la flânerie et vous donnent envie de cocooning. Voici nos préférées.

Mint Bazar

Mint Bazar

Parfait pour dénicher une idée cadeau parmi ses petites collections pile dans l'air du temps.

Voir p. 56, quartier 2, Saint-Pierre.

Chez la Petite Bordelaise

Difficile de repartir les mains vides de cette jolie boutique, aménagée avec beaucoup de goût.

Voir p. 67, quartier 3, Saint-Éloi et Saint-Paul.

Lodge

Un vrai coup de cœur pour sa vaisselle ethnique, ses matériaux naturels et son accueil.

Voir p. 54, quartier 2, Saint-Pierre.

Les Comptoirs de Magellan

Il suffit de pousser la porte pour se sentir ailleurs ! Grand choix d'objets de déco et de produits du monde.

Voir p. 68, quartier 3, Saint-Éloi et Saint-Paul.

SAINT-MICHEL, QUARTIER COSMOPOLITE

4

Cosmopolite et populaire, deux termes que l'on associe au quartier « Saint-Mich' ». Ses rues étroites réunissent diverses communautés qui ont donné à ce vieux Bordeaux artisan des touches de cultures lointaines. Sous l'œil bienveillant d'une somptueuse basilique, des commerces de tous horizons cohabitent. Au marché des Capucins, cet esprit solidaire et généreux apparaît clairement, de la gouaille des pêcheurs en marinière au sourire de votre voisin de tablée, qui savoure sa crêpe turque maison encore brûlante.

Place et flèche Saint-Michel

1 Marché des Capucins✦✦✦

Pour un brunch iodé, un after à 7h du matin ou bien juste pour faire son marché : tout le monde se retrouve le dimanche aux « Capus » dans une ambiance bouillonnante.

Un peu d'histoire

Ceux qui ont lu *Le Ventre de Paris* penseront forcément à Zola devant l'effervescence de cette halle. En 1749 se tint le premier marché hebdomadaire sur la place des Capucins (nom de l'ancien couvent). Les vendeurs de bestiaux furent rejoints par les forgerons, les herboristes, les marchands d'étoffes et les maraîchers. Seuls les produits de bouche demeurent. En 1878, la Ville rachète des éléments de structures de l'Exposition universelle de Paris et fait construire deux pavillons métalliques, reliés en 1881 par une allée adaptée aux passages des carrioles : la halle des Capucins est née ! Modernisée au XXe s. et dotée d'un parking à l'étage (grimpez-y, la vue sur les étals multicolores est incroyable !), et même si la concurrence des supermarchés est rude, elle reste *the place to eat & buy*, surtout le week-end.

Plongée dans la vie locale

Situé au cœur du quartier Saint-Michel, le marché en représente le visage cosmopolite, avec ses étals aux saveurs locales mâtinées de parfums plus lointains, et le dynamisme retentissant dans un espace où l'on parle fort. Avec une gouaille qui décoincera les plus timides, le jeu des commerçants mimant en riant une concurrence totalement feinte (puisqu'ils n'hésiteront pas à vous envoyer goûter la dernière spécialité du voisin) est un spectacle réjouissant. Notre péché mignon : les pâtisseries orientales généreuses au miel et les petites crêpes turques préparées juste devant vous et servies chaudes ! Plus qu'un marché, ici, on prend aussi le temps de se poser, appréciant le rebond des rires sur les arches métalliques, et le fait d'être un peu collé à son voisin de tablée. On optera pour les moules-frites maison du Bistro Poulette ou pour les huîtres de chez Jean Mi (venez tôt pour éviter la queue ; p. 76).

Pl. des Capucins • www.marchedescapucins.com • Mar.-jeu. 6h-14h, ven. 6h-21h.

2 Halle des Douves++

Lieu associatif accueillant régulièrement concerts et événements, la halle des Douves a été rénovée en 2015. Son

Marché des Capucins

architecture fait écho à la halle des Capucins. Au XIXe s., ce type de structures en métal et en verre est en effet très à la mode. On aime le rouge vif prédominant de l'édifice.

4, rue des Douves • ☎05 57 71 75 93 • www.douves.org • Mer.-ven. 10h-12h30 et 13h30-19h, sam. 10h-14h.

3 Place Saint-Michel✦✦✦

Son véritable nom est la **place Canteloup-et-Meynard**, mais les Bordelais parlent de la « place Saint-Michel » ou « Saint-Mich' ». Il y règne une ambiance cosmopolite et populaire, au pied des deux géants que sont la basilique Saint-Michel et son clocher, la flèche.

La flèche Saint-Michel

Tout comme sur la place Pey-Berland, quelques mètres séparent l'édifice religieux de son clocher pour éviter l'effondrement. En grimpant ses 230 marches, vous aurez la meilleure vue de la ville sur le port de la Lune, dont vous comprendrez mieux le surnom : la Garonne a en effet apposé sa jolie courbe aux quais, formant ainsi un croissant que l'on retrouve sur le blason de la ville. Vous êtes sujet au vertige et vous redoutez les 47 m de haut (malgré un palier à 23 m)? Direction la crypte en prenant le sens inverse. Des momies, reposant désormais au cimetière de la Chartreuse, y étaient entreposées au XVIIIe s., nourrissant de nombreuses légendes… Pour l'anecdote, en 1869, le clocher fut reconstruit après avoir souffert d'un tremblement de terre, et devint à l'époque le 8e monument le plus haut du monde avec ses 114 m.

La basilique Saint-Michel

À l'extérieur, son style gothique impressionne, et l'intérieur et son ornement ne déçoivent pas. Les premiers pans de sa construction remontent au XIVe s., époque où le « faubourg Saint-Michel » prospère et devient paroisse, puis quartier. Dans la chapelle sud, une statue intrigue : celle de sainte Ursule protégeant de son manteau quelque 11 000 vierges qui auraient été martyrisées par les Huns (ce nombre, qui s'est imposé avec le temps, serait en fait une erreur de lecture de chiffres romains…).

Les puces et le marché

Au pied de la basilique, on slalome entre les rangées de vêtements puis de légumes, on négocie entre chineurs, on plonge son nez dans l'odeur des vieux livres jaunis. Un visage bavard et vivant est alors donné aux places encerclant la bâtisse religieuse, uniformisant celle que l'on appelle « place Saint-Mich' ».

Pl. Meynard.

Flèche : *actuellement fermée pour travaux.*

Basilique : *✆05 56 94 30 50 • Lun. et sam. 10h-12h30 et 14h-17h30, mar.-ven. et dim. 14h-17h30.*

Marché Saint-Michel (dit « Marché royal ») : *sur les quais; pl. Duburg et quai des Salinières • Sam. 7h-13h.*

Puces : *www.lespucesdestmichel.com • Mar., jeu.-ven. et dim.*

Basilique Saint-Michel

4 Passage Saint-Michel✦✦

Coup de cœur pour cette parenthèse hors du temps ! Une poupée de ventriloque, une vieille affiche de Gandhi, un service en porcelaine et un meuble Arts déco : voilà le drôle de décor de cette ancienne mûrisserie de bananes où une quinzaine de brocanteurs se sont réunis en véritable caverne d'Ali Baba.

15, pl. Canteloup • 05 56 74 01 84 • www.lesbrocanteursdupassage.fr • Mar.-sam. 10h-18h, dim. 10h-15h.

5 Fontaine de la Grave✦

Il s'agissait à l'époque d'assurer l'alimentation en eau de certains quartiers de la ville, et plusieurs fontaines furent construites à ce titre. Celle de la Grave fut aménagée en 1788 et ressemble à une colonne qu'un colosse aurait arrachée, mais les curieux reliefs à son sommet représentent en fait de la végétation.

Quai des Salinières.

6 Rue du Mirail✦

Jésuites puis aristocrates façonnèrent le visage de cette rue, bordée d'hôtels particuliers. À voir, au n° 22, l'étonnant **hôtel Saint-François.** Dans les années 1850, son décor baroque n'était pas commun. Au-dessus de la porte, un homme à longue-vue observe une femme aux seins nus : il s'agirait d'une allégorie de la science observant la nature. Plusieurs éléments maçonniques comme le compas et l'équerre : Bordeaux compte beaucoup de symboles francs-maçons sur ses murs depuis le XVIIIe s.

Pause tapas : Maison du Pata Negra

Si vous passez par le marché des Capucins le week-end, ne ratez pas les tapas et les *pintxos* (tapas version basque) de la Maison du Pata Negra. Située en plein cœur du marché, elle vous régalera par sa cuisine et son ambiance. Une astuce : le prix des tapas se repère à la couleur de leur brochette !

40 Marché des Capucins • 06 74 27 59 54 • www.maisondupatanegra.com • Mar.-dim. 8h-13h.

Passage Saint-Michel

Restos | Bars | Hôtels | Shopping | Activités

Restos Bistrots

La Soupe au Caillou

Végétarien 41 Plan C5

Cette cantine bio propose une cuisine familiale végétarienne avec chaque jour une option végétalienne et une variante sans gluten.

6a, pl. du Maucaillou • Tram Saint-Michel ou Victoire • 05 56 78 07 94 • www.lasoupeaucaillou.com • Lun.-ven. 12h-15h • Plat du jour : 13 €; menus 17 € (entrée ou dessert + plat) et 19 € (entrée + plat + dessert).

Le Passage Saint-Michel

Cuisine du terroir 42 Plan I8

Si vous aimez les endroits atypiques et qui ont une âme, le passage Saint-Michel est fait pour vous. Le restaurant est situé dans une brocante et il est ouvert tous les jours de la semaine pour vos petits déjeuners, déjeuners et dîners ! On y déguste des plats régionaux : cassolette de chipirons à la basquaise ou tatin de pommes de terre et canard confit aux cèpes. Plats végétariens possibles. Très jolie terrasse située au pied de la flèche Saint-Michel.

14, pl. Canteloup • Tram Saint-Michel ou Porte-de-Bourgogne • 05 56 91 20 30 • www.lepassagesaintmichel.com • T.l.j. 8h-23h • Menu incontournable 14 €; plats 15-20 €; menu gourmand 25 €.

La Tupina

Cuisine du terroir 43 Plan D4

Jean-Pierre Xiradakis, le créateur de cette institution bordelaise, a passé la main à son chef, Franck Audu, pour prendre une retraite bien méritée. La cuisine reste dans le même esprit. Depuis 1968, elle met en valeur les produits du Sud-Ouest. Ne ratez pas les frites cuites à la graisse d'oie dans la cheminée. Selon la saison, c'est l'endroit où manger des pibales et de la lamproie (spécialité de poisson bordelaise) ou encore des truffes.

6, rue Porte-de-la-Monnaie • Tram Saint-Michel • 05 56 91 56 37 • www.latupina.com • Lun. 19h-23h, mar.-dim. 12h-14h et 19h-23h • Midi en sem. : formule 18 €; soir : menu 64 €.

La Tupina

Chez Jean Mi

Bar à huîtres 44 Plan C5

Situé en plein cœur du marché des Capucins – LE marché de Bordeaux – ce bar à huîtres propose des produits de la mer de première fraîcheur. Plateaux de crustacés généreux et bon choix d'huîtres.

Stands nos 29 et 29 B, marché des Capucins, pl. des Capucins • 06 81 20 24 49 • Mar.-ven. 7h-14h30, sam. 7h-15h30, dim. 9h-15h30 • Plateau crustacés «Amiral» pour 2 pers. 30 €.

Le Clandestin

Bistronomie 45 Plan C5

À deux pas du marché des Capucins, cet établissement propose une cuisine bistronomique, basée sur les produits du marché tout proche. On y déguste une cuisine de saison, fraîche et gourmande.

56, rue du Hamel • Tram Victoire ou Saint-Michel • 09 70 38 01 70 • Mer.-sam. 12h-14h et 19h-22h, dim. 12h-14h. Menus : midi 23 €, soir 35 €.

Quartier Libre

Le Petit Atelier des Faures

Bistronomie

46 Plan I8

À deux pas de la place Saint-Michel, dans un quartier en plein renouveau, le Petit Atelier des Faures propose dans une carte courte une cuisine créative, voyageuse et décontractée : huîtres soubressade, émincé de poitrine de porc et nouilles soba, aubergines grillées, feta, chermoula. Parfait pour le déjeuner.

48, rue des Faures • Tram Saint-Michel • www.lepetitatelierdesfaures.fr • 09 86 42 45 45 • Mar. 12h-14h, mer-ven. 12h-14h et 19h15-22h, sam. 19h15-22h • Plat 14 € ; formules 16-19 € • Résa conseillée.

Bars, clubs Sorties

Quartier libre

Bar et concerts

23 Plan C4-5

Lieu atypique aux multiples facettes comportant un restaurant (cuisine de saison en majorité bio), un bar (cocktails et sélection de gins, rhums et whiskies) et un lieu d'expression musicale et artistique : bœuf jazz tous les mercredis, concerts (jeudi et samedi) et fins de soirées animées par les DJ invités. Un endroit original pour passer la soirée.

30, rue des Vignes • Tram Saint-Michel • 06 25 80 60 53 et 05 40 24 61 01 • www.quartierlibrebordeaux.com • Mar.-dim. 17h30-2h.

Infos Covid-19

Compte tenu du contexte sanitaire, de nombreuses adresses sont amenées à restreindre leur ouverture et à s'adapter à la situation. Nous vous recommandons de vérifier leurs horaires sur leur site internet ou leur page Facebook.

Donostia

Bar à tapas

24 Plan I8

Donostia (Saint-Sébastien en basque) propose le meilleur des produits ibériques. Bonne musique, bons vins et délicieux tapas et *pintxos* maison. Vous pouvez consommer à l'intérieur ou à l'extérieur, sur les quelques tables dressées dans la très touristique rue des Faussets. Un conseil, tentez les miniburgers à l'ossau-iraty, délicieux !

21, pl. Meynard • Tram Saint-Michel • 09 81 60 71 11 • www.donostia.fr • Mar.-sam. 17h-1h (horaires variables) • Tapas et pintxos *à partir de 3 €.*

Julo

Bar à vins

25 Plan I8

Une adresse chaleureuse et de qualité, située tout à côté de l'église Saint-Michel. Joli choix de vins, d'origines variées, dont une belle carte de côtes-du-rhône. Les conseils de dégustation sont excellents (le best-seller : le Domaine de Dernacueillette 2018), tout comme les planches de charcuterie et de fromages : planche de saucisson aux truffes ou de porc noir de Bigorre affiné 36 mois, assiette de fromages, *burratina* aux légumes frais et basilic… À déguster sur place ou à emporter, car le lieu fait épicerie fine. Terrasse agréable.

11, rue des Faures • Tram Saint-Michel • 06 59 02 44 90 • www. julobordeaux. wixsite.com/julo • Été : mar. et jeu.-sam. 10h30-23h, mer. 10h30-19h45, dim. 10h30-15h ; hiver : mar.-jeu. 16h-23h, ven.-sam. 10h-14h30 et 16h-23h • Verre de vin env. 6 € ; planche 6-12 € ; burratina aux légumes 7 €.

Activités Détente

Balades culturelles à vélo

Christiane et Paolo ont un credo : à vélo, le point de vue est bien plus beau ! Faites-leur confiance et laissez-vous guider pour des virées culturelles et ludiques à deux-roues. Le must : la balade *by night* pour profiter, le temps d'une soirée d'été, de la ville illuminée.

Bordeaux à vélo-Guidons futé : *4, rue Maubec • Tram Porte-de-Bourgogne • www. bordeaux-a-velo.com • 06 08 72 01 95 • Balade de 2h-2h30 à partir de 35 €.*

NOS BARS À VINS PRÉFÉRÉS

Il y a une dizaine d'années, il n'y avait presque pas de bars à vins à Bordeaux, excepté celui du Centre interprofessionnel des vins de Bordeaux : un comble! Heureusement, beaucoup ont ouvert leurs portes depuis, mettant à l'honneur le terroir bordelais mais aussi les vins du monde.

Bar à Vin du CIVB

Le Wine Bar

Des vins de Bordeaux, certes, mais avec un air de dolce vita.

Voir p. 50, quartier 2, Saint-Pierre.

Aux Quatre Coins du Vin

Ambiance chaleureuse et bon choix de vins.

Voir p. 51, quartier 2, Saint-Pierre.

Chez Julo

Les excellents conseils de dégustation vous aideront à choisir parmi le très large choix de vins.

Voir p. 78, quartier 4, Saint-Michel.

Bar à Vin du CIVB

Situé dans la Maison des vins de Bordeaux, il reste le meilleur endroit pour découvrir les crus de la région.

Voir p. 29, quartier 1, Les Quinconces et le Triangle d'Or.

Le Point Rouge

Le plus chic! Très bel établissement à la déco soignée et superbe carte des vins.

Voir p. 147, quartier 12, Du Sacré-Cœur à Sainte-Croix.

LA VICTOIRE, CENTRE ESTUDIANTIN

5

L'ambiance est plus dissipée qu'à l'autre extrémité de la rue Sainte-Catherine : pas étonnant puisque vous êtes ici dans l'un des fiefs de la vie étudiante bordelaise ! On savoure l'atmosphère jeune et festive avant de sortir des sentiers battus pour, à notre tour, « étudier » un peu. Les édifices religieux du quartier sont des lieux de mémoire, parfois douloureuse mais nécessaire, et l'architecture déploie détails et anecdotes qui ne manqueront pas de vous intriguer.

Place de la Victoire

1 Musée d'Aquitaine✦✦✦

Toute l'histoire de Bordeaux, de la préhistoire à nos jours, vous est contée dans ce musée qui héberge des œuvres et vestiges absolument incroyables. Le parcours permanent est un voyage dans le temps, où l'on croisera les outils de nos ancêtres du Paléolithique, des chapiteaux médiévaux, ou encore une épicerie du XIXe s. reconstituée. Si vous avez du mal à vous représenter le castrum romain de Burdigala, la partie dédiée à l'Antiquité vous y plongera en détail. Dans les salles médiévales, une immense rosace ou encore un gisant de la princesse Aliénor impressionnent. Notre coup de cœur va cependant à l'espace commémoratif ouvert en 2009 : « Bordeaux au XVIIIe s., le commerce atlantique et l'esclavage ». Bordeaux y reconnaît ce passé négrier qu'on lui reprocha de taire trop longtemps, et les témoignages sont particulièrement émouvants.

C'est aussi au musée d'Aquitaine que les trésors débusqués durant des travaux d'urbanisme, tels que les vestiges des Piliers de Tutelle (p. 24) et le buste d'Hercule, sont exposés et préservés. Les collections temporaires sont quant à elles toujours étonnantes !

20, cours Pasteur • 05 56 01 51 00 • www.musee-aquitaine-bordeaux.fr • Mar.-dim. 11h-18h.; Fermé lun. et j. fériés sf 14 juil. et 15 août • Entrée : 5 € collections permanentes et temporaires.

2 Grande Synagogue de Bordeaux✦✦

Inaugurée en 1882, elle est aussi un lieu de mémoire qui garde les sombres traces de la Seconde Guerre mondiale. En 1944, les familles juives arrêtées y furent enfermées avant d'être déportées. Sur les murs, des impacts de balles ont été laissés intacts, pour ne jamais oublier.

6, rue du Grand-Rabbin-Joseph-Cohen • 05 56 91 79 39 • http://communautejuiveaquitaine.fr • Visites en dehors des offices • Visite guidée sur résa : 5 €.

3 Place de la Victoire✦✦

Le jour, les étudiants se pressent sagement à l'université des Sciences ; le soir, ils sortent dans les bars branchés de la place. Côté patrimoine, vous pourrez admirer la **porte d'Aquitaine** construite au XVIIIe s. Vous y trouverez également un monument édifié en 2005 pour rendre hommage au divin nectar (il y a d'ailleurs un cep planté sur la place depuis deux siècles) : la **colonne de Theimer**, en marbre rouge, avec à son pied une tortue et son petit, que vous pouvez observer de près pour vous amuser à y débusquer tous les détails faisant

Place de la Victoire et université des Sciences

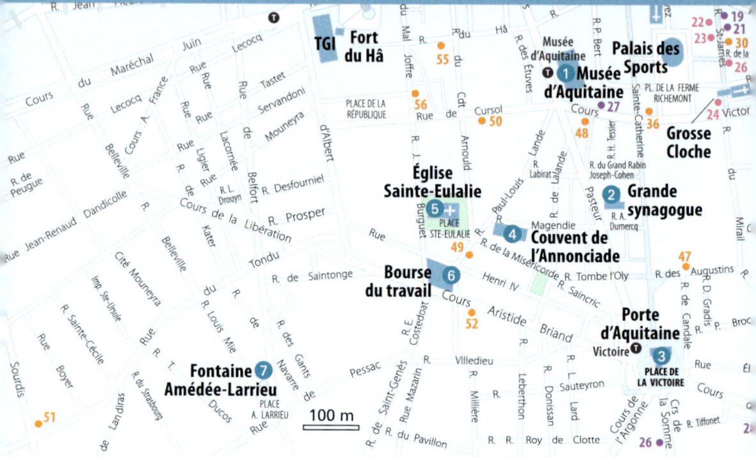

référence au vin. Enfin, le **musée d'Ethnographie** de l'université de Bordeaux rassemble 6 000 pièces témoins des civilisations extra-européennes : des objets de la vie quotidienne provenant d'Asie, d'Afrique, d'Arctique, d'Amérique et d'Océanie.

Musée d'Ethnographie : *6 ter, pl. de la Victoire • 05 57 57 18 97 ou 05 57 57 31 67 • https://meb.u-bordeaux.fr • Ouv. au public slt pendant les expos temporaires : lun.-jeu. 14h-18h, ven. 10h-12h.*

4 Couvent de l'Annonciade✦✦

La légende raconte que c'est ici que naquit l'une des plus grandes célébrités bordelaises : le cannelé. Il aurait été inventé par les sœurs du couvent, qui récupéraient les jaunes d'œufs délaissés par les vignerons (le blanc servait au « collage » du vin) afin de confectionner des gâteaux pour les pauvres du quartier. Le couvent,

Pause street food vegan : Munchies

Ce restaurant propose une cuisine vegan façon *street food* : hot-dogs, sandwichs grillés au fromage, bols, sans oublier un plat du jour variant quotidiennement en fonction du marché. Produits bio et de saison, bien sûr. Formule sans gluten possible. Pâtisseries maison.

47 *21, rue des Augustins • 05 56 21 82 61 • Été : lun.-ven. 12h-14h30, le reste de l'année : lun.-mar. 12h-14h30, mer.-ven. 12h-21h • Formule 16 €, plat 14 €.*

fondé en 1520, fut restauré lorsque la direction régionale des affaires culturelles s'y installa en 1995. Un des seuls cloîtres de la Renaissance encore intacts de la région !

54, rue Magendie • Juin-sept. : mer. 16h • Visite 1h • Entrée : 3,50 €.

5 Église Sainte-Eulalie✦

Consacré en 1174, l'édifice religieux s'agrandit au XVe s. avec une abside orientale. Sur celle-ci figurent, si vous regardez bien, de drôles de personnages symbolisant les peurs et croyances du Moyen Âge, comme cet homme recouvert de poils, mythe de « l'homme sauvage ».

13, pl. Sainte-Eulalie • ☏ 05 56 51 71 71 • www.sainteeulaliebordeaux.fr.

6 Bourse du travail✦✦

Un autre petit détour hors des sentiers battus pour admirer un bâtiment insolite de style Arts déco : au nº 44, cours Aristide-Briand, la Bourse du travail (classée Monument historique) tranche totalement avec l'ambiance assez sobre et résidentielle de la rue. L'architecte est Jacques D'Welles (1938). On trouve sur la façade un bas-relief, en partie réalisé par Alfred Janniot, qui rend hommage aux talents ouvriers. On y voit également des allégories de Bordeaux (comme le léopard de Guyenne), des arts (avec la présence de muses) ou encore de la paix.

Bourse du travail

44, cours Aristide-Briand • ☏ 05 56 94 15 25 • Intérieur ouv. au public pendant les Journées du patrimoine.

7 Fontaine Amédée-Larrieu✦

En 1900, le sculpteur Raoul Vernet réunit autour de cette originale ondine urbaine (étonnamment peu connue des locaux) les différents univers du bordelais : la vigne, le commerce fluvial, l'océan avec les divinités maritimes que sont les tritons, et les produits du terroir. Un peu à l'écart de l'agitation de la place de la Victoire, elle offre une pause au calme.

Pl. Amédée-Larrieu.

Restos | Bars | Hôtels | Shopping | Activités

Restos Bistrots

Edmond Pure Burger

Burgers 48 Plan H8

Viandes, fromages, sauces, frites et pain sont soit produits sur place, soit rigoureusement sélectionnés. La viande est hachée à la dernière minute pour une qualité optimale ! Régalez-vous avec l'Edmond, l'Edwin ou encore l'Édenté, végétarien. Bières artisanales et vins au verre.

158, cours Victor-Hugo • Tram Musée-d'Aquitaine • 05 56 77 59 45 • www.edmond-burger.fr • Lun.-ven. 12h-14h30 et 19h-22h30, sam.-dim. 12h-15h et 19h-23h • Burgers 11 €.

Au bonheur du Palais

Chinois 49 Plan G8

Embarquez pour un voyage en Chine, à la découverte des plats sichuanais et cantonais, et émerveillez vos papilles avec des saveurs exotiques et inconnues : bœuf sauté au poivre anesthésiant, piments séchés et frits à la mode du Sichuan, canard « des immortels » braisé aux aromates, ou encore daurade croustillante aux saveurs Yu Xiang. Succulent !

74, rue Paul-Louis-Lande • 05 56 94 3863 • Mar.-sam. 19h-23h • Menu dégustation 45 €.

Le Chicoula

Cuisine française 50 Plan G8

Lieu chaleureux et cuisine raffinée pour le restaurant de ce chef (Guénaël Avy) formé à l'école des plus grands tels qu'Alain Ducasse ou Éric Guérin. Son goût pour le voyage se répercute dans l'assiette avec, par exemple, le Cappuccino de chou-fleur au lait de coco. Une très belle adresse locale.

22, rue de Cursol • Tram Musée-d'Aquitaine • www.lechicoula.fr • Mar.-mer. 19h30-21h30, jeu.-sam. 12h-14h et 19h30-21h30 • Jeu.-ven. midi : à partir de 28 €; mar.-sam. soir et sam. midi : menu découverte 39 €.

Hutong

Chinois 51 Plan B5

Une adresse coup de cœur ! Authentique cuisine singapourienne aux influences malaises, indiennes, indonésiennes et chinoises, autant dire très parfumée. Tentez le *chicken rice* ou les *wonton* et préparez-vous à une explosion de saveurs en bouche.

137, rue du Tondu • 09 87 74 45 86 • Mer.-jeu. 19h30-22h, ven.-dim. 12h-14h et 19h30-22h • Chicken rice 15 €; raviolis 6,50 €.

L'Apothicaire

Bistronomique 52 Plan C5

Très joli restaurant, chaleureux et plein de charme, installé dans une ancienne pharmacie dont on retrouve des éléments de décor : comptoir, affiches, etc. La carte est ultra-courte et la cuisine maison y est savoureuse et gourmande. Les pâtes fraîches maison bolognaise sont un régal ! Le soir, le restaurant devient bar à cocktails. À découvrir.

37, cours Aristide Briand • Tram Victoire • 05 56 64 10 08 • Restaurant : mar. 12h-14h, mer.-ven. 12h-14h et 19h30-22h30, sam. 19h30-22h30, bar : mer.-sam. 18h-2h • Formules midi 20-24 € ; plat du jour 16 €.

Le Café Populaire

Bars, clubs Sorties

L'Excale

Bar 26 Plan C5

Ici, c'est un peu comme dans la chanson, on veut « du rhum, des femmes et d'la bière nom de Dieu ! ». Ambiance vieux raffiot, avec tonneaux et cordages. Craquez pour les rhums arrangés ou testez les cocktails tels le Zombie : rhum blanc, rhum brun, liqueur d'abricot, jus d'ananas, citron vert, sirop de sucre de canne et grenadine.

19, cours de la Somme • Tram Victoire • 06 59 57 92 37 • www.lexcale.fr • Mar.-sam. 18h-2h • Rhum arrangé 3 €.

Locadillos

Bar à tapas 27 Plan H8

Bar à tapas branché ayant pour spécialité les *montaditos*, petits pains de tradition aux saveurs typiques de l'Espagne et du Sud-Ouest. Plusieurs garnitures vous sont proposées, des plus locales (à base de magret) aux plus lointaines (guacamole).

137, cours Victor-Hugo • Tram Musée-d'Aquitaine • 05 57 83 49 04 • www.locadillos.fr • Mar. 18h30-minuit, mer.-sam. 18h30-1h • Tapas 3 €.

Le Café Populaire

Bar et musique 28 Plan C5

Alerte rouge, institution bordelaise : on ne vient pas au Café Pop' pour la cuisine (correcte sans plus), mais pour boire un verre et surtout pour la très chouette ambiance festive sur fond de musique des années 1980 à nos jours. Petit look rétro avec serveurs en salopette bleue. Bondé le week-end.

1, rue Kléber • Tram Victoire • 05 56 94 39 06 • www.cafepop.fr • Jeu.-sam. 19h30-2h.

PLACE PEY-BERLAND ET ALENTOUR 6

La place Pey-Berland, du nom de l'archevêque de Bordeaux en 1438, accueille deux des bâtiments les plus importants de la ville : l'hôtel de ville et la cathédrale. Autour, les rues sont animées en toute saison ! Quand l'été invite à investir les terrasses des cafés le temps d'un Cacolac (boisson locale, le saviez-vous ?), à Noël les illuminations rendent l'endroit tout aussi apprécié.

Tour Pey-Berland

1 Place Pey-Berland✦✦

Cette place parmi les plus belles de la ville prit le nom de Pey Berland en 1866 et ne fait pas exception à la tradition architecturale bordelaise qui marie les époques et les styles.

Une ambiance festive et douce règne au milieu des monuments chargés d'histoire. Avec l'arrivée du tram dans les années 2000, promeneurs du dimanche et skateurs plus ou moins aguerris ont remplacé le bal des voitures.

Huit pacaniers ont été replantés en 2015 afin de faire entrer la nature au cœur de la ville. Concerts et manifestations culturelles s'y succèdent. Aux beaux jours, on bulle sans complexe sur l'une des grandes terrasses côté nord. Une statue de l'ancien maire Jacques Chaban-Delmas – due au sculpteur Jean Cardot –, représenté en train de marcher, a été installée non loin de l'hôtel de ville, qui fut sa seconde maison pendant près de 48 ans (de 1947 à 1995).

2 Cathédrale Saint-André✦✦✦

L'un des plus beaux édifices religieux de la ville, et le plus important. Il fallut plus de 800 ans pour que de (re)contructions en (ré)aménagements elle prenne son aspect actuel... Évidemment, c'est son style gothique qui saute le plus aux yeux. Le lieu fut consacré par le pape en 1096, mais à cette date la construction en était à ses tout débuts : la nef date du XIIe s. (style roman) et c'est aujourd'hui la plus ancienne structure du bâtiment. Au XIIIe s., on ajouta la porte royale (façade nord), le chœur gothique et les chapelles du déambulatoire. Au XIVe s., le pape Clément V a permis l'aménagement du chevet grâce à ses dons. Et au XVIIe s., l'église vit se marier Anne d'Autriche et Louis XIII. Au niveau de la porte royale, les statues du pape et des évêques vous invitent à entrer : admirez alors la belle rosace. La luminosité est exceptionnelle côté ouest et permet d'observer en détail les grandes orgues. La chaire en acajou finement sculpté, le trésor du chanoine Marcadé

Cathédrale Saint-André

(exposé dans l'aile nord), la chapelle du Mont-Carmel très richement ornée, les superbes voûtes qui varient de 23 à 29 m de hauteur entre la nef et le chœur, sont autant de trésors à contempler.

Pl. Pey-Berland • 05 56 44 67 29 • https://cathedrale-bordeaux.fr • Lun. 14h-18h, mar.-sam. 10h-12h et 14h-18h, dim. 14h-18h (été : lun. 15h-18h, mar.-sam. 10h30-13h30 et 15h-18h, dim. 15h-20h15) • Entrée libre.

Pause café cosy : SIP Coffee Bar

Un *coffee shop* très agréable, où le mobilier de bois blond et la jolie vaisselle créent une ambiance sereine. Les pâtisseries sont succulentes : tentez la tarte abricot-noisettes, un délice !

53 *69 bis, rue des Trois-Conils • 09 81 91 91 80 et 07 83 85 04 24 • Lun.-mer. 8h30-17h, jeu.-sam. 8h30-22h • Petite restauration le midi (également le soir jeu.-sam.) • Expresso : 2 €; cappuccino : 3,60 €; café filtre méthode douce : 3,50 €; pâtisserie : 2-4,50 €.*

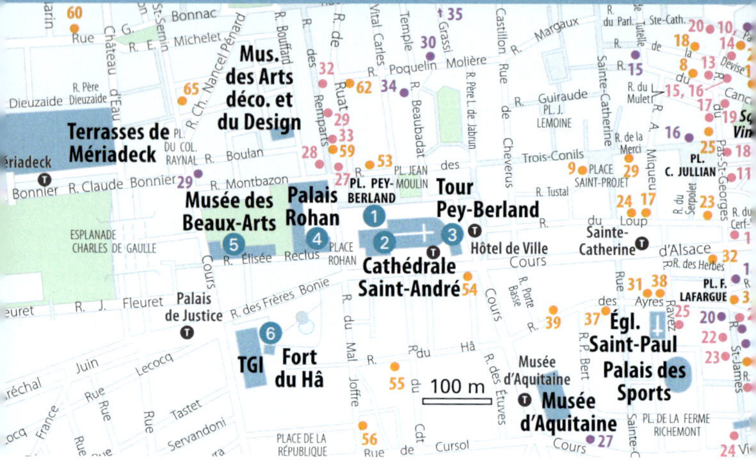

❸ Tour Pey-Berland***

Il faudra attendre le XVe s. et l'archevêque Pey Berland pour que la cathédrale soit dotée de cloches et d'un bourdon. Le sol marécageux (nous sommes proches de la Peugue et de la Devèze) oblige à dissocier les deux structures pour éviter l'effondrement… 232 marches et plus de 50 m de hauteur : voilà de quoi prendre Bordeaux de haut ! Les moins téméraires resteront en bas à admirer, au sommet, la statue de Notre-Dame d'Aquitaine (installée en 1853) culminant à 66 m et dont la brillance du cuivre se révèle les jours de grand ciel bleu. 1 300 kg et 6 m de haut, tout de même ! L'ascension de ce clocher gothique étant ardue, vous pourrez faire une escale à 40 m : la première terrasse offre un panorama complet sur la ville, avec des panneaux explicatifs sur l'histoire de chaque quartier.

Pl. Pey-Berland • www.pey-berland.fr • Oct.-mai (sf 1er janv., 1er mai et 25 déc.) : t.l.j. 10h-17h30 ; juin-sept. : t.l.j. 10h-13h15 et 14h-18h • Dernière montée 30 min av. fermeture • Entrée : 6 € ; gratuit 1er dim. du mois nov.-mars et moins de 25 ans.

❹ Palais Rohan (Hôtel de Ville)**

Il a été construit au XVIIIe s. pour l'archevêque Ferdinand Maximilien Mériadec de Rohan. À peine l'intérieur achevé, la Révolution le désacralise, et il devient hôtel de ville en 1836. En dehors des concerts et manifestations publiques dans la cour ou le bâtiment, il n'est accessible que lors de visites guidées. En revanche, l'entrée de son jardin, à l'arrière, est libre. Il accueille le musée des Beaux-Arts de Bordeaux (voir ci-après), et il y règne une ambiance de jardin anglais.

Pl. Pey-Berland • Visite guidée (1h) : mer. à 14h30 et ven. à 10h (sf certains j. fériés) • 8 €, résa sur www.visiter-bordeaux.com.

5 Musée des Beaux-Arts⁺⁺

Deux ailes accueillent des collections permanentes captivantes où de grands noms se mêlent à des talents plus confidentiels que l'on se plaît à découvrir : au sud, des artistes du XVe au XVIIIe s., et au nord, un voyage dans l'art des XIXe et XXe s. Cette dernière collection accueille les peintures de la bordelaise Rosa Bonheur, de Delacroix, ou encore les formes déconcertantes des statues de Joseph Rivière. Le musée a aussi sa galerie d'expos temporaires, toujours de grande qualité : la **galerie des Beaux-Arts**.

Musée : *20, cours d'Albret • ☎ 05 56 10 20 56 • www.musba-bordeaux.fr • Mer.-lun. 11h-18h • F. j. fériés (sf 14 juil. et 15 août) • Entrée : 5 € collection permanente, 7 € musée et galerie (gratuit 1er dim. du mois sf juil.-août).*

Galerie : *pl. du Colonel-Raynal • ☎ 05 56 96 51 60.*

6 Fort du Hâ et tribunal de grande instance⁺⁺

Le mélange entre le tribunal de grande instance (TGI), moderne, et le vieux fort, qui lui est accolé et qui accueille l'École nationale de magistrature (ENM), est atypique. Le « château du Far », devenu fort du Hâ, fut construit en même temps que le château Trompette (p. 20), après la guerre de Cent Ans, pour surveiller les Bordelais, tout juste redevenus français. Trompette a disparu, le fort est toujours là. Pendant la Seconde Guerre mondiale, on y enferma des résistants et des prisonniers politiques. Sur la placette qui lui fait face, au sol, la *Déclaration universelle des droits de l'homme* est déclinée de façon manuscrite et en braille.

30, rue des Frères-Bonie • Lun.-ven. 8h30-17h (mais attention, lieu de travail).

Musée des Beaux-Arts

Restos Bistrots

Black List Café

Café 54 Plan G8

Tout petit établissement proposant de délicieux cafés (le cappuccino est top) et une cuisine simple mais fraîche et de saison. Brunch très complet : toast avocat et fruit de la passion, œufs brouillés et ciboulette, toast truite fumée, aneth et fromage frais, salade roquette, parmesan et tomates cerise, le tout accompagné d'une eau détox (fraise, menthe et concombre). Jus de fruits frais au choix.

27, pl. Pey-Berland • Tram Hôtel-de-Ville • ☏ 05 56 81 56 76 • Lun.-ven. 8h-18h, sam.-dim. 9h30-16h • Brunch (dim.) 20 €.

Baston

Resto-boulangerie 55 Plan G8

Baston, c'est à la fois un restaurant et une micro-boulangerie (les pains au levain y sont excellents !). On s'y régale d'une carte courte qui suit les saisons avec des plats pointus et maîtrisés : ravioles au poireau confit, anchois, émulsion d'encre de seiche ; sarrasin grillé, merlu, bisque d'araignée, riz vert et fenouil… Très dans l'air du temps, tendance avant-garde.

50, rue du Hâ • Tram Hôtel-de-Ville ou Musée-d'Aquitaine • ☏ 05 57 83 77 10 • Mar.-sam. 12h-14h et 19h-21h30 (dès 10h pour le pain) • Entrée 8-12 € ; plat 16-24 € ; dessert 5-9 €.

Le 428

Cuisine moderne 56 Plan G8

Fréquenté par les membres du palais de Justice ou de la mairie toute proche, le 428 offre un cadre raffiné et chaleureux. Le chef Aurélien Duhayer accorde une touche d'originalité à sa cuisine avec son foie gras de canard à base de canard mariné, coing, daïkon, ponzu, clémentine et noix de cajou. Un service attentif sous l'œil d'Élodie, la femme du chef.

42, rue du Maréchal-Joffre • Tram Pey-Berland • www.le428.com • Mar.-ven. 12h-13h30 et 19h30-21h30, sam. 19h30-21h30 • Formule midi 22 € ; menu unique dîner 45 €.

Bars, clubs Sorties

The Connemara Irish Pub

Pub 29 Plan G7

C'est LE pub irlandais emblématique de Bordeaux, celui où la Guinness coule à flots les soirs de match. Il faut venir ici pour l'ambiance et la musique irlandaise. Karaoké (lun. 21h-minuit), concert (mar. soir) et musique traditionnelle (ven. soir).

14-18, cours d'Albret • Tram Palais-de-Justice ou Mériadeck • 05 56 52 82 57 • Lun. 17h-1h, mar.-ven. 12h-1h, sam. 15h-1h.

Hôtels B&B

L'Hôtel Particulier

Chambres et studios Plan G7

Ce sont à la fois des chambres d'hôtes et des appartements que vous pourrez occuper dans ce magnifique hôtel particulier entièrement rénové datant de la fin du XIXᵉ s. Retrouvez ici l'alliance du classicisme et de la modernité.

44, rue Vital-Carles • Tram Gambetta • 05 57 88 28 80 • www.lhotel-particulier.com • Studios : à partir de 109 €, chambres : à partir de 194 €; petit déj. 15 €.

La Maison d'Artiga

Shopping Cadeaux

La Maison d'Artiga

Linge de maison 27 Plan G7

Le Pays basque n'est pas loin, et avec lui son linge coloré et rayé. Chez Artiga, retrouvez de très jolies pièces d'inspiration classique mais modernisées avec une petite touche de fantaisie qui change tout. Cerise sur le gâteau, tout est fabriqué en France, à Magesq, dans les Landes ! Et autre cerise (oui, oui), il y a même de vraies espadrilles !

73, rue des Trois-Conils • Tram Hôtel-de-Ville • 05 56 52 02 76 • www.artiga.fr • Lun.-sam. 10h-19h • Comptez 93-98 € pour 1,60 m de nappe.

L'Atelier des Dames

Bijoux 28 Plan G7

Ce créateur de bijoux basé à Hossegor, dans les Landes, propose des bijoux très féminins et vintage, notamment des colliers. Les matières (pierres semi-précieuses, chaînages dorés à l'or fin et français) et le design contribuent à faire de ces créations des intemporels.

73, rue des Remparts • Tram Hôtel-de-Ville • 05 56 81 03 04 • www.latelierdesdames.fr • Lun.-sam. 10h-19h • Colliers 25-150 €.

DE GAMBETTA À MÉRIADECK

7

Après avoir savouré les derniers charmes du centre piéton, direction le Bordeaux du XXe s., à Mériadeck, totalement transformé par Jacques Chaban-Delmas dans les années 1970. Jugé insalubre, entièrement rasé pour en voir naître un nouveau, le quartier a été construit selon un modèle très particulier d'urbanisme et présente un exemple singulier de faubourg : on adore ou on déteste ! Les immeubles reliés par de vastes terrasses avaient pour vocation d'offrir un cadre de vie agréable aux habitants. Habitats collectifs et institutions publiques y ont pris leurs quartiers.

Musée des Arts décoratifs et du Design

1 Place Gambetta✦

Agréable jardin où se poser, avec vue sur la porte Dijeaux qui délimite le centre-ville commerçant et piéton. Insolite : au nº 10, le point zéro de la ville. Avis aux mélomanes : l'Auditorium de l'Opéra est seulement à deux pas !

2 Grande Poste✦✦

Dans les solides murs Arts déco de l'ancienne grande poste de Bordeaux (qui a pris ses quartiers à Mériadeck il y a plus de 20 ans), ce lieu de culture totalement hybride a vu le jour fin 2016. 1 000 m^2 ont été réhabilités en espace de spectacle, de rencontres (bar, restaurant) et de programmation artistique mouvante avec des échoppes accueillant chaque mois des talents de tous bords (peintres, stylistes, artisans…) dans les anciennes coursives des lieux. Étonnant et à l'image du Bordeaux moderne et décalé.

Librairie Mollat

7, rue du Palais-Gallien • 05 56 01 53 90 • www.lagrandeposte.com • Mar.-sam. 9h-1h, dim. 11h-1h • Échoppes d'artistes : entrée libre • Tarifs et programmation sur le site internet.

3 Librairie Mollat✦✦

Comme le cannelé, c'est une fierté locale ! Il y a de quoi, puisque c'est la plus grande librairie indépendante de France. Elle a fêté ses 125 ans en 2021, mais reste bien jeune dans sa tête et dans ses vitrines grâce à des mises en scène qui valent le coup d'œil. Des événements et des rencontres s'y tiennent régulièrement, et nous vous mettons au défi de ne pas y trouver votre bonheur parmi les 15 espaces thématiques et les 300 000 références qui se cachent derrière l'élégante façade bleue.

15, rue Vital-Carles • 05 56 56 40 40 • www.mollat.com • Lun.-sam. 10h-20h, dim. 14h-19h.

4 Musée des Arts décoratifs et du Design✦✦

Le superbe hôtel de Lalande, abritant le musée des Arts décoratifs et du Design (MADD pour les intimes), impressionne par son élégance et son classicisme.

Pause gourmande : Chouette Pâtisserie

Vous pourrez déguster, sur place au calme ou à emporter, de délicieuses pâtisseries ayant toutes pour point commun la pâte à choux. Que vous soyez plutôt Paris-Brest, religieuse, Saint-Honoré ou tout simplement petits choux, vous vous régalerez de ces recettes à la fois classiques et créatives.

57 *71, rue Judaïque • www.chouette-patisserie.com • 09 70 95 45 87 • Mar.-sam. 10h-19h30, dim. 9h-13h • Pâtisserie 3-4 €.*

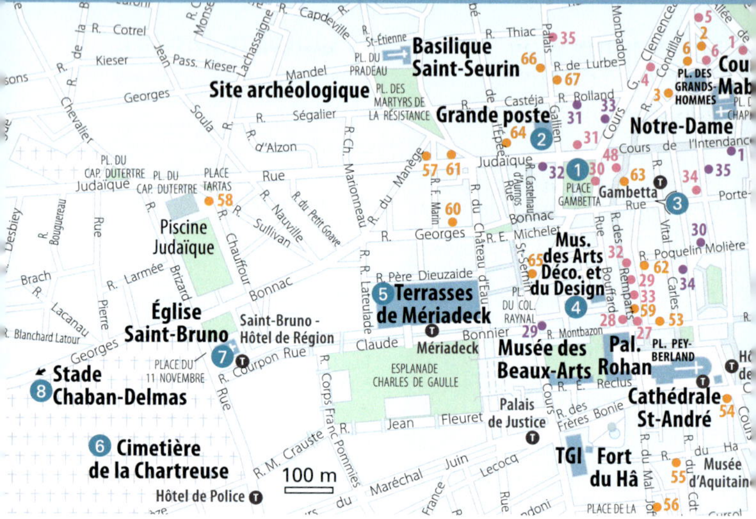

À l'intérieur, on aime plonger dans la vie quotidienne des riches Bordelais des XVIIIe et XIXe s., via les arts de la table ou des objets parfois plus personnels (accessoires de beauté des femmes, etc.).

39, rue Bouffard • 05 56 10 14 00 • www.madd-bordeaux.fr • T.l.j. (sf mar. et j. fériés hors été) 11h-18h • Entrée : 5 €, gratuit 1er dim. du mois et sous conditions les autres jours.

5 Terrasses de Mériadeck⁺⁺

Exemple éloquent de la réhabilitation du quartier menée dans les années 1970 sous l'impulsion de Jacques Chaban-Delmas, le style architectural atypique de cet ensemble tranche totalement avec l'ambiance classique et la pierre blonde du vieux centre. Ici, tout n'est que lignes droites ou rondeurs rigoureusement symétriques (un bonheur pour les photographes). Passerelles et dalles relient ainsi cinq terrasses suspendues, avec au cœur un espace vert qui se voulait le prolongement des jardins de la mairie. Durant l'été, chaises longues et jeux de plage s'y installent. On y trouve bureaux et appartements, les institutions publiques, un immense centre commercial ou encore la patinoire, où se tiennent aussi des concerts. À voir : l'architecture de la Caisse d'Épargne, emblématique du quartier.

57, rue du Château-d'Eau • Centre commercial : lun.-sam. 10h-20h.

6 Cimetière de la Chartreuse✦✦

Dans ce cimetière datant du XVIIIe s., sculptures et monuments funéraires sont les témoins des mœurs et des modes d'une époque ; vous serez surpris par la présence d'une impressionnante Faucheuse. On y croise aussi dans leur dernière demeure la grande Flora Tristan, figure du féminisme, ou encore le peintre Goya.

Rue François-de-Sourdis • 05 56 93 17 20 • www.bordeaux-tourisme.com • Lun.-sam. 8h30-17h, dim. 9h-17h • Entrée libre • Visite guidée recommandée (2h) avec l'office de tourisme : 15 juil.-9 sept. sam. à 18h et 19h30.

7 Église Saint-Bruno✦

Entrez dans cette charmante petite église du XVIIe s. Elle a un style délicieusement baroque, à l'accent presque italien. Le culte y est assuré en latin.

5, pl. du 11-Novembre.

8 Stade Chaban-Delmas✦

Bordeaux, c'est aussi « l'ovalie » ! Depuis que les footeux des Girondins ont déménagé au stade Matmut Atlantique, c'est à « Chaban » que vous pourrez goûter à l'ambiance 100 % sud-ouest d'un match de l'UBB (Union Bordeaux-Bègles).

Place Johnston • 05 56 98 49 34 • www.bordeaux.fr

Mériadeck

Restos Bistrots

Soléna

Semi-gastronomique

58 Plan B4

Victor Ostronzec, le chef du Soléna, a fait ses armes dans de très belles maisons, et cela se voit. Sa cuisine gastronomique est inspirée, créative, avec une maîtrise irréprochable des assaisonnements et des cuissons. Le menu du midi change quotidiennement et il est toujours composé de produits de saison issus de fournisseurs locaux. Une véritable petite pépite bordelaise qui vaut le détour ! Une adresse où il fait bon s'arrêter.

5, rue Chauffour • Tram Saint-Bruno-Hôtel-de-Région • 05 57 53 28 06 • www.solena-restaurant.com • Mer.-dim. 12h-13h30 et 19h45-21h30 • Midi : menus 24 et 32 €; soir : menus 45, 59 et 75 €.

Dardenne

Salon de thé Chocolatier

59 Plan G7

Ce chocolatier installé dans les Pyrénées a ouvert une boutique à Bordeaux. C'est l'endroit idéal pour une pause 100 % plaisir : chocolat chaud (le « Tradition Gianduja » est fantastique, adeptes du régime s'abstenir) ou glaces maison originales servies dans un cornet avec crêpes et pancakes, à vous de choisir. Ne partez pas sans acheter du chocolat, la spécialité de la maison.

62, rue des Remparts • Tram Gambetta • 06 74 42 52 16 • www.chocolatdardenne.com • Mar.-jeu. 10h30-18h, ven.-sam. 10h30-18h30 • Chocolat chaud « Tradition Gianduja » 5,50 €.

Racines

Cuisine moderne

60 Plan G7

Ce restaurant bénéficie d'un des meilleurs bouche-à-oreille de Bordeaux. En cuisine, le chef Daniel Gallacher, inspiré, propose des menus raffinés, élégants et audacieux, qui changent quotidiennement. Un rapport qualité/prix exceptionnel. Une adresse à ne pas rater.

59, rue Georges-Bonnac • Tram Mériadeck • 05 56 98 43 08 • Mar.-sam. 12h-13h30 et 19h30-21h30 • Midi : formules 25-28 €; soir : formule 35 € et menu dégustation 55 € • Résa impérative.

Very Table

Traditionnel

61 Plan G7

Petite salle lumineuse et pleine de charme pour ce restaurant travaillant uniquement des produits frais. La carte est courte et les produits sont traités avec respect et amour. Vous pouvez également y acheter des produits locaux.

51, rue Judaïque • 05 56 01 26 97 • www.very-table.com • Lun.-jeu. 12h-14h,

Racines

ven. 12h-14h et 19h30-22h • Midi : formules 20 et 22 €; ven. soir : formule 30 €, formule découverte 35 €, menu dégustation 40 €.

Horace Cafe

Coffee shop 62 Plan G7

À deux pas de l'agitation du centre-ville, ce *coffee shop* propose petits déjeuners, déjeuners et délicieuses pâtisseries maison, le tout accompagné d'une jolie carte de thés. Réputé pour le brunch du dimanche, mieux vaut réserver.

40, rue Poquelin-Molière • Tram Gambetta • 05 56 90 01 93 • Lun.-ven. 8h30-18h30, sam.-dim. 9h30-18h30 • Assiette midi 12 €.

L'Alchimiste-torréfacteur

Café 63 Plan G7

Vous pourrez y boire de délicieux expressos, de superbes cappuccinos, mais également de magnifiques chocolats chauds de chez Hasnaâ Chocolat, des thés de chez Theodor et des sodas de la Manufacture de Soda. Ils servent en outre de la petite restauration : tartes, quiches et gâteaux.

12, rue de la Vieille-Tour • Tram Gambetta • 06 65 05 25 91 • www.alchimiste-cafes.com • Mar.-ven. 8h30-18h, sam. 10h-18h • Café 2-4 €.

Zéphirine

Bistronomique 64 Plan G7

Cette auberge urbaine accueillante et chaleureuse sert une délicieuse cuisine du marché, à base de produits ultra-frais. Ici, l'humain a du sens et derrière chaque produit, des ingrédients à la vaisselle, il y a une histoire, une rencontre. Le restaurant fait aussi comptoir gourmand et vous pouvez acheter des produits à emporter. Une très belle adresse locale.

62 rue Abbé-de-l'Épée • Tram Gambetta • www.zephirine.fr • 09 72 45 55 36 • Mar.-sam. 10h-22h (déj. 12h-14h, dîner 19h30-22h) • Formule midi (carte courte) 24-29 €; formule soir (carte complète) 49 €.

VJ Cantine

Végétarien 65 Plan G7

Ce petit établissement décoré de couleurs claires et chaleureuses propose une cuisine végétarienne et végétalienne mâtinée de cuisine du monde. Vanessa y fait tout maison et avec beaucoup d'amour. Très bon accueil.

6, rue Saint-Sernin • Tram Gambetta • 06 63 52 86 56 • Lun.-ven. 11h45-14h30 • Formule complète 18,90 €.

Tentazioni

Italien 66 Plan G6

Cuisine italienne de qualité à base de produits du marché, à la fois raffinée et inventive. Accueil très sympathique. Testez les spaghettis artisanaux Martelli aux tomates San Marzano DOP du Vésuve, ou encore les *fregola sarda,* chair de tourteaux, safran et gingembre. Un régal!

59, rue du Palais-Gallien • 05 56 52 62 12 • www.tentazioni-bordeaux.fr • Mar.-sam. 12h-14h et 19h30-21h15 • Menus du marché 29, 35 et 45 € (jeu.-sam. midi); 6 temps 80 €.

Koeben

Danois 67 Plan G6

Régalez-vous de spécialités danoises telles que les *smørrebrød,* tartines de pain noir recouvertes de hareng ou de saumon fumé, ainsi que de succulentes pâtisseries. Bonne sélection de thés et bières danoises.

32, rue du Palais-Gallien • 09 86 15 02 20 • www.koeben.com • Mar.-sam. 9h-19h, dim. (brunch) 11h30-15h30 • 3 smørrebrød 14 €; plats 14-20 €; brunch 34 €.

Bars, clubs Sorties

Mama Shelter

Bar à cocktails 30 Plan G7

On ne présente plus le Mama Shelter, cette chaîne d'hôtels dessinés par Philippe Starck. Situé dans l'ancien immeuble du Gaz de Bordeaux, l'établissement bordelais comporte également un restaurant et un bar à cocktails. Ne ratez pas la vue depuis le *rooftop.*

19, rue Poquelin-Molière • Tram Hôtel-de-Ville ou Gambetta • 05 57 30 45 45 • www.mamashelter.com • T.l.j. 11h-minuit • Mocktails (sans alcool) 8-10 €; cocktails 10-14 €.

El Picador

Bar à vins 31 Plan G7

Bar à vins et délicieuses tapas maison : l'éternel jambon ibérique, mais aussi *pimientos,* calamars à la plancha, pois chiches et chorizo, crevettes à l'ail pour ne citer que ceux-là. Accueil chaleureux.

16, rue Rolland • 05 56 01 01 83 • Tram Gambetta • www.elpicador.com • Mar.-sam. 18h-minuit • Résa conseillée.

Sherlock Holmes Pub

Pub 32 Plan G7

Pub anglais où il fait bon déguster une bière d'outre-Manche en regardant la retransmission d'un match de foot ou en écoutant de la musique. Cuisine de pub. Billard, fléchettes et jeux de société. Ambiance chaleureuse et amicale.

16, rue Judaïque • Tram Gambetta • 05 56 48 51 22 • www.sherlockholmespub.fr • Lun.-ven. 16h-2h, sam. 14h-2h, dim. 14h-1h • Happy hour t.l.j. 17h-19h.

L'Auditorium

Concerts classiques 33 Plan G7

Fief de l'Orchestre national de Bordeaux, l'Auditorium, dessiné par Michel Pétuaud-Létang, est tout récent (2013). Il est constitué de deux salles de 1 400 et 300 places, et la fosse de l'orchestre peut accueillir les harmoniques d'un très grand nombre de musiciens.

8-13, cours Georges-Clemenceau • Tram Gambetta • 05 57 78 41 19 • www.opera-bordeaux.com • Calendrier des spectacles sur le site internet.

Jaqen Craft Beer

Bar à bières 34 Plan G7

Cet espace est dédié à la découverte de bières artisanales de qualité (plus de 250 bières dont 40 % françaises) : india pale ale, stout, barley wine, porter, cascadian dark ale, *Weissbier*, *Gose*, pils, lambic, triple, *Bitter*, bock... Le plus dur est de faire son choix ! Bières à emporter ou à consommer

Mama Shelter

sur place avec une assiette gourmande. Ambiance jeune et décontractée, bar souvent bondé.

5, rue Beaubadat • Tram Gambetta ou Hôtel-de-Ville • 05 57 83 77 03 • Mar.-mer. 10h30-20h30, jeu.-sam. 10h30-23h.

Théâtre Femina

Théâtre et concerts 35 Plan G7

Concerts, pièces de théâtre, humoristes… les artistes sont nombreux à se succéder sur la scène de cette célèbre salle située en plein cœur de Bordeaux.

10, rue de Grassi • Tram Gambetta • Billetterie officielle : Box Office Bordeaux, 24, galerie Bordelaise et sur www.box.fr ou par tél. (paiement CB) 05 33 49 13 00 • Lun.-ven. 10h-12h et 14h-17h • Programmation sur www.theatrefemina.fr

Hôtels B&B

Mama Shelter

Hôtel design Plan G7

Situé à deux pas de la cathédrale Saint-André, le Mama Shelter offre l'un des meilleurs rapports qualité/prix de toute la ville. De la « small » à la XXL, les chambres du Mama conviennent à toutes les bourses. Son *rooftop* est un véritable atout (voir p. 98).

19, rue Poquelin-Molière • Tram Gambetta ou Hôtel-de-Ville • 05 57 30 45 45 • www.mamashelter.com/fr/bordeaux • Small Mama Double : à partir de 89 €, Large Mama Double : à partir de 119 € ; petit déj. 18 €.

Boutique-Hôtel de Bordeaux

Boutique-hôtel Plan G6

Superbe établissement situé dans une très belle demeure datant du XVIIIe s., à deux pas de la place Gambetta et du marché des Grands-Hommes. Luxueux. Terrasse, bar à vins, parking.

3, rue Lafaurie-Monbadon • Tram Gambetta • 05 56 48 80 40 • www.hotelbordeauxcentre.com • À partir de 229 € la nuit (non remboursable), petit déj. 25 €/pers.

Best Western Grand Hôtel Français

Hôtel au calme Plan G7

Excellente situation géographique dans une rue calme, en plein cœur du quartier animé et commerçant de la ville. Attention, l'accès en voiture est difficile car en zone piétonnière. Contacter l'hôtel pour plus d'informations.

12, rue du Temple • Tram Gambetta • 05 56 48 10 35 • www.bestwestern.fr • Chambres standard 140-180 €, petit déj.-buffet inclus.

Shopping Cadeaux

Nowe Store

Mode femme 29 Plan G7

Si vous êtes fan de mode et que vous cherchez des pièces un peu pointues, sortant de l'ordinaire et des grandes enseignes, alors ce lieu est fait pour vous. Vous pouvez même obtenir des conseils personnalisés grâce à la styliste et conseillère en image maison. Au menu de cette boutique résolument dans l'air du temps : des pièces fortes, de bons basiques, du style et de l'élégance.

50, rue des Remparts • Tram Gambetta • ☎ 05 57 60 19 37 • www.nowe-store.com • Lun. 13h-19h, mar.-sam. 11h-19h • Robe à partir de 55 €, pantalon à partir de 59 €.

Maison Darricau

Chocolats 30 Plan G7

Chère au cœur des Bordelais, cette maison centenaire ne travaille que des chocolats de qualité exceptionnelle. Le plus difficile est de choisir entre les différentes saveurs. Ne ratez pas les Pétillants – praliné noisette aux éclats de sucre pétillant, enrobage noir ou lait – et les Grains de sable – praliné noisette et pointe de sel de Guérande, enrobage noir et noisettes écrasées.

7 bis, rue de la Vieille-Tour • Tram Gambetta • ☎ 05 56 44 21 49 • www.darricau.com • Lun.-sam. 10h-19h • Pétillants : 16 € les 120 g; Grains de sable : 14 € les 120 g.

La Toque Cuivrée

Cannelés 31 Plan G7

Très appréciés des Bordelais, les cannelés de la Toque Cuivrée sont délicieux. Croustillants à l'extérieur grâce à leur croûte brune caramélisée, et fondants et dorés à l'intérieur, ils accompagnent à merveille un café en terrasse.

Maison Darricau

41, pl. Gambetta • Tram Gambetta • ☎ 05 57 83 61 67 • www.la-toque-cuivree.fr • T.l.j. 8h-20h • Cannelé 0,70 € pièce.

Noisettines du Médoc

Gourmandises 32 Plan G7

Cela fait plus de 40 ans que les Bordelais se régalent de ces délicieuses noisettes enrobées de caramel. C'est addictif, impossible de s'arrêter après avoir goûté la première. Tentez également la crème de Noisettines, cette pâte à tartiner qui vous fera oublier jusqu'au nom de sa célèbre consœur italienne.

34, rue des Remparts • Tram Gambetta • ☎ 09 53 92 55 05 • www.noisettines.fr • Lun.-sam. 11h-19h • Crème de Noisettines 11 € les 300 g.

Les Sisterettes

Les Sisterettes

Mode femme 33 Plan G7

Elles s'appellent Amandine et Céline et sont sœurs. Elles cherchent pour nous des pièces dans l'air du temps et les proposent en courte série pour éviter de les retrouver sur le dos des copines. Prix abordables et excellent accueil.

60, rue des Remparts • Tram Hôtel-de-Ville • ☏09 81 95 63 23 • www.lessisterettes.fr • Lun. 12h-19h, mar.-sam. 10h-19h • Top : 20-49 €.

L'Atelier d'Amaya

Bijoux 34 Plan G7

Les bijoux de cette créatrice sont ultra-féminins, délicats, raffinés. Vrai coup de cœur pour les bracelets fantaisie et faits main qu'on a envie de superposer à son poignet. Une jolie boutique où vous pourrez faire des cadeaux à vos proches… ou à vous-même !

15, rue de Grassi • Tram Gambetta • ☏05 56 48 53 19 • www.atelier-amaya.com • Lun.-sam. 10h-19h (19h30 sam.) • Bracelets : à partir de 15 €.

Malt & Co

Cave à bières 35 Plan G6

Vous vouliez rapporter de la bière locale ? N'hésitez pas à vous rendre dans cette cave qui propose des bières artisanales ou biologiques, et de grands standards belges, anglais, américains et allemands.

62, rue du Palais-Gallien • ☏05 47 79 41 08 • Lun. 16h-20h, mar.-sam. 11h-14h et 16h-20h.

Activités Détente

Piscine Judaïque

Cette piscine dont l'architecture mélange Arts déco et classicisme bordelais fut construite dans les années 1930. Rénovée depuis, elle offre toujours aux nageurs une ambiance très vintage pour enchaîner les longueurs.

164, rue Judaïque • ☏ 05 56 51 48 31 • F. lun.; pour les horaires, consultez le site www.bordeaux.fr • Entrée : 3,50-5,50 €.

100 % FAIT DANS LE BORDELAIS

Si vous souhaitez rapporter un souvenir typique de la région bordelaise, voire de Bordeaux même, voici quelques idées, pour certaines classiques, pour d'autres originales.

L'Intendant

Vin

Pour cela, ne ratez pas L'Intendant. L'établissement, construit autour d'un bel escalier en colimaçon, réserve des surprises : plus on monte, plus les bouteilles sont exceptionnelles.

L'Intendant, quartier 1, Les Quinconces et le Triangle d'Or, p. 31.

Cannelés

Impossible de manquer Baillardran, qui possède une quinzaine d'adresses à Bordeaux. Achetez vos cannelés (ou canelés) juste avant de partir et consommez-les vite, faute de quoi ils perdront leur croustillant.

Chez Baillardran, quartier 12, Du Sacré-Cœur à Sainte-Croix, p. 148.

Popins

Un accessoire créé à Bordeaux, qui permet aux cyclistes de profiter de leur bicyclette même sous la pluie.

Chez Popins, quartier 3, Saint-Éloi et Saint-Paul, p. 68.

Noisettines

Ces noisettes enrobées d'un délicieux caramel existent même en version pâte à tartiner. Succulent !

Chez Noisettines du Médoc, quartier 7, De Gambetta à Mériadeck, p. 101.

Guinettes

Certes un peu vintage, ces cerises à l'alcool enrobées de chocolat ont le goût des fêtes de Noël en famille !

Chez Saunion, quartier 1, Les Quinconces et le Triangle d'Or, p. 31.

LE JARDIN PUBLIC ET SAINT-SEURIN

8

Quittons l'agitation du centre-ville pour nous mettre au vert et au calme. Le Jardin public a, bien sûr, beaucoup de succès, mais il est suffisamment vaste pour vous offrir une pause intimiste sur l'herbe. Quant au quartier résidentiel allant de Fondaudège à Saint-Seurin, réputé bourgeois, il offre de bonnes tables à l'excellent rapport qualité/prix et de belles façades à admirer. Il conserve deux témoignages d'importance : l'un de Burdigala, la Gallo-Romaine, et l'autre de l'époque des tout premiers chrétiens de Bordeaux.

Jardin public

1 Jardin public***

Vous avez remarqué ? Une atmosphère douce et détendue semble planer sur Bordeaux à chaque coin de rue… Une des raisons : la présence en plein centre d'un immense écrin de verdure où il fait bon se poser sur un plaid en été ou venir savourer un chocolat chaud avec vue en hiver. Le Jardin public est l'une des plus belles réalisations de l'incontournable Tourny, dont la statue vous en indique la direction sur la place du même nom…

La nature, c'est bon pour la santé !

L'initiative est de Tourny et la mise en œuvre est d'Ange-Jacques Gabriel, premier architecte du roi sous Louis XV et également créateur de la place de la Bourse. En 1746, Bordeaux se voit donc dotée de près de 11 ha de nature aménagés en son sein. Un vrai cadeau fait à la population, puisque c'est à cette époque que l'on commence à considérer la présence d'espaces verts dans les villes comme un vecteur de bonne santé. L'intention était aussi d'offrir à la bourgeoisie des Chartrons un lieu où se retrouver et échanger. Un siècle plus tard, le paysagiste L.-B. Fisher lui donna son visage actuel, et un accent plus « à l'anglaise » qu'au départ. Classé Jardin remarquable, il séduit tout le monde.

En famille ou en amoureux

L'endroit est parfait pour une pause avec les enfants. Les canards sur les berges du ruisseau amuseront les petits, tout comme le **carrousel** ou le **théâtre de Guignol**. En amoureux, bullez tranquillement sur un plaid, à l'ombre de l'un des arbres centenaires. Et ne boudez pas le plaisir d'une balade romantique dans cet espace fleuri, où le bassin prend l'aspect d'un petit ruisseau passant sous trois ponts au charme vintage, qui sont autant d'étapes conseillées.

Deux trésors patrimoniaux

Et quelle que soit votre compagnie, ne manquez pas le **Jardin botanique** (arboretum), qui accueille depuis 1856 des senteurs oniriques et de rares spécimens, et le **Muséum d'histoire naturelle,** qui a rouvert en 2019 après s'être refait une sacrée beauté pendant 10 ans. La collection permanente compte plus de 3 500 spécimens d'animaux.

Cours de Verdun (entrée principale).

Jardin public : *nov.-14 fév. t.l.j. 7h-18h; 15 fév.-mars et oct. t.l.j. 7h-19h; avr.-mai et sept. t.l.j. 7h-20h; juin-août t.l.j. 7h-21h • Accès libre.*

Théâtre de Guignol : *près du carrousel • 06 89 18 88 18 • www.guignolguerin.fr • Représentations d'env. 25 min., t.l.j. pendant les vac. scol., mer., w.-e. et j. fériés; le reste de l'année, selon météo; fermé juil.-août mais présent à Mériadeck.*

L'Orangerie : *05 56 48 24 41 • www.lorangeriejardinpublic-bordeaux.fr • De nov. à mi-fév. : t.l.j. 9h-18h; de mi-fév. à mars, juin-août et oct. : t.l.j. 9h-19h; avr.-mai et sept. : t.l.j. 9h-20h; .*

Muséum d'histoire naturelle : *5, pl. Bardineau • 05 24 57 65 30 • www.museum-bordeaux.fr • Avr.-sept. : mar.-dim.*

Pause chocolat chaud : Chocolaterie Lalère

Si vous êtes amateur de chocolat chaud, d'ambiance chic et feutrée, ce lieu est fait pour vous. Xavier Lalère, jeune chocolatier reconnu, propose dans ses deux établissements un concept hybride : vente de bonbons et de chocolats mais aussi lieu cosy où déguster le délicieux breuvage (en version végétale au lait d'amandes dans la boutique de la rue Bouffard). À accompagner de madeleines ou cookies, pour un goûter parfait.

68 *145, rue Fondaudège • www.chocolaterie-lalere.fr • 05 57 34 87 36 • Lun.-sam. 9h30-19h • Chocolat chaud 5 €; madeleine 1,50 €; cookie 3 €; chocolat au poids env. 10 €/100 g. • Autre boutique : 19, rue Bouffard.*

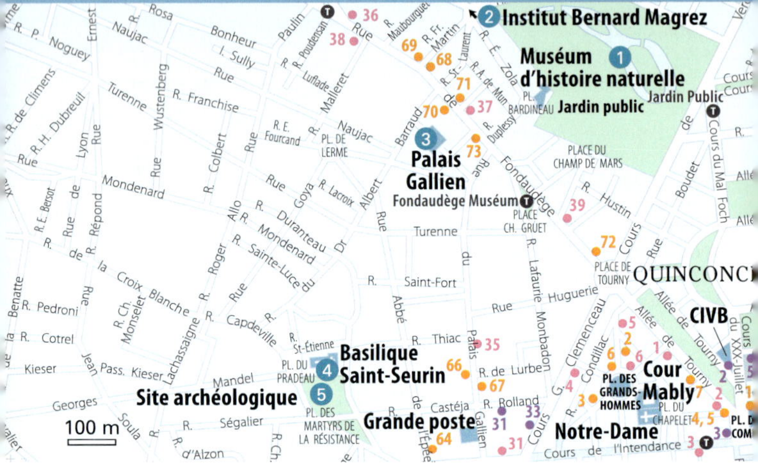

Institut Bernard Magrez

10h30-18h (17h30 oct.-mars); fermé j. fériés sf 14 et 15 juil. • Entrée plein tarif : 7 € (pdt expos temporaires); 5 € sans expos.

② Institut Bernard Magrez✦✦

Mécène et figure locale, Bernard Magrez, propriétaire de nombreux vignobles, est surnommé « l'homme aux 40 châteaux ». Celui-ci, le château Labottière (fin XVIIIe s.), accueille non pas des vignes, mais un institut culturel. On y retrouve des œuvres d'art, acquises par le propriétaire ou en exposition temporaire, de tous styles (mais surtout de l'art contemporain). Des brunchs estivaux, des conférences et des concerts y sont également organisés. Le jardin de cette propriété excentrée est un bijou.

Château Labottière, 16, rue de Tivoli • ☏ 05 56 81 72 77 • www.institut-bernard-magrez.com • Sam.-dim. 13h-18h • Visite guidée sam.-dim. à 16h30 sans résa • Entrée : 8 €.

3 Palais Gallien**

Il est l'un des rares (et le plus étonnant) témoins du Burdigala romain. Longtemps, on associa son nom (et donc sa date de construction) à la femme de Charlemagne, Galliène, mais il s'agissait là d'un bel anachronisme. Ces vestiges sont une partie d'un amphithéâtre antique qui pouvait alors accueillir 20 000 spectateurs ! Attention à vous : on raconte qu'au XVIIe s. l'endroit était devenu le repaire des sorcières... Sur votre chemin vers la basilique Saint-Seurin, faites un détour par le marché de Lerme et ses expos temporaires (pl. de Lerme, www.bordeaux.fr), et observez au 87, rue de l'Abbé-de-l'Épée, la façade de l'ancien institut des Sourdes-Muettes et son remarquable alphabet dactylologique (transcription phonétique des sons).

Rue du Docteur-Albert-Barraud • Résa ☏ 05 56 48 04 24 • Visite gratuite juin-sept. t.l.j. 13h-18h • Visite guidée du 1er juin au 30 sept. t.l.j. à 10h30 et 15h30; juil.-aout sam. à 21h30 : 3 €.

Palais Gallien

4 Basilique Saint-Seurin**

Située sur le chemin de Saint-Jacques-de-Compostelle et classée par l'Unesco en 1998, la basilique figure parmi les plus anciennes de Bordeaux. Elle fut fondée au VIe s., mais la construction de l'édifice actuel remonte au XIe s. et il fut remanié jusqu'au XVIe s. Les éléments les plus remarquables sont les chapiteaux de style roman (XIIe s.) sur le portail occidental (clocher-porche), le chevet et les vestiges de la crypte (voir ci-après). Sur l'agréable place ombragée, attenante à la basilique, se tient au n° 63 l'hôtel Frugès, de style Arts déco. Enfin, rue Saint-Étienne, au n° 16, contemplez les étonnantes statues de chats réalisées par l'architecte Jean-Jacques Valleton (1841-1916).

Pl. des Martyrs-de-la-Résistance • ☎ 05 56 48 22 08 • Fermé à la visite depuis un incendie en juin 2019; ouv. exceptionnelle pour les messes.

5 Site archéologique de Saint-Seurin**

Dans cette nécropole paléochrétienne découverte lors de fouilles au début du XXe s. (et qui ont duré jusque dans les années 1960), les plus anciens vestiges (amphores, mausolée…) datent du IVe s. La légende raconte même que les « preux » de Charlemagne (ses chevaliers) – dont le plus célèbre, Roland – reposeraient ici. À voir aussi : la crypte (située sous la basilique), dont la visite guidée n'est pas avare de contes et légendes. En saison, coup de cœur pour les visites nocturnes qui plongent le visiteur dans une atmosphère frissonnante.

Pl. des Martyrs-de-la-Résistance • ☎ 05 56 48 04 24 • Site paléochrétien : juin-sept. • Visite sur résa. 10 € (durée 1h15), rens. sur www.visiter-bordeaux.com.

Restos Bistrots

Loft cuisine à emporter

Cuisine moderne 69 Plan B3

Jérôme Oillic propose dans ce joli atelier une cuisine à la fois moderne et de saison. Les produits sont en grande majorité issus de l'agriculture biologique et locale. On peut bien évidemment prendre à emporter comme son nom l'indique mais on peut aussi y déjeuner sur place sur la table d'hôtes de 12 personnes. C'est frais, gourmand et bien réalisé.

147, rue Fondaudège • Tram Fondaudège-Muséum • ☎ 09 83 89 98 39 • www.loft-cuisine-a-emporter.fr • Lun-ven. 11h30-15h • Plat 11 €; formules 13 et 15 €.

Mets Mots

Bistronomie 70 Plan B3

Le trio à la tête du restaurant fait la part belle aux produits de saison et propose une cuisine inspirée, gourmande, avec une pointe d'originalité. À noter une vraie sensibilité écologique avec, par exemple, l'abandon des contenants en plastique, la mise en avant des vins bio et biodynamiques ou encore l'utilisation de serviettes en papier recyclé pour le déjeuner.

98, rue Fondaudège • Tram Fondaudège-Muséum • ☎ 05 57 83 38 24 • www.metsmots.fr • Lun. 12h-13h30, mar.-ven. 12h-13h30 et 19h30-21h30 • Midi : menu 25 € (entrée + plat + dessert); soir : menu dégustation 65 € et menus 39 et 49 €.

Café Eriu

Bistrot 71 Plan B3

Ce café-bistrot propose une excellente cuisine de saison avec un petit twist irlandais (nationalité de la propriétaire). La carte est ultra-courte (2 plats) et très efficace (jarret de porc à se damner !). L'endroit, très convivial et dans l'air du temps, est très agréable. Ne manquez pas les desserts, excellents (le *carrot cake*…), à accompagner d'un grand choix de cafés. Brunch le week-end.

119, rue Fondaudège • Tram Fondaudège-Muséum ou Croix de Seguey • www.cafeeriu.com • 05 57 34 38 24 • Lun.-ven. 8h30-15h, sam.-dim. 10h-15h • Plat env. 14 € • Résa conseillée.

Gustave

Cuisine du monde 72 Plan G6

Idéal pour ceux qui cherchent un repas à emporter : les plats sont préparés sur place, bien faits et ultra-copieux. Cinq propositions quotidiennes dont une végétarienne, une avec viande (volaille vapeur laquée et pommes sarladaises) et une avec poisson (saumon mariné, riz cuisiné, épinards dans un esprit *poke bowl*). On voyage souvent dans l'assiette car ici, on est amateur de cuisine du monde. Restauration sur place possible également.

5, rue Fondaudège • Tram Fondaudège-Muséum ou Quinconces • 09 86 66 85 76 • Instagram : @gustaveresto • Lun.-sam. 11h30-14h30 et 18h30-22h • Plat env. 12,90 €.

Fabrique By Oliver

Galettes 73 Plan G6

Spécialité de pain ferré, une galette de pain artisanal au levain maison cuite à la plancha. Elle est garnie de produits frais (crème parmesan, pesto, tomates, roquette, jambon cru, mozzarella, sauce tomate…) cuisinés devant vous, puis servie chaude et roulée. Ne reste plus qu'à l'emporter !

70 rue Fondaudège • Tram Fondaudège-Muséum ou Croix de Seguey • www.by-oliver.fr/fabrique • 07 86 87 90 35 • Lun.-ven. 11h-14h30, sam. 11h-15h, dim. 11h-15h et 18h30-21h30 • Galette 8-10 € selon les garnitures; desserts et douceurs maison 2,80-3,50 €.

Hôtels B&B

La Course

Hôtel de luxe Plan B3

Cette maison d'hôtes luxueuse à la décoration très soignée est située tout à côté du Jardin public. Possibilité de prêt de bicyclette.

69, rue de la Course • 05 56 52 28 07 • www.lacourse-bordeaux.fr • Chambres : de 172 à 290 €; suite « Sous les étoiles » (on dort sous un ciel de verre et on profite de la terrasse-piscine privée) : à partir de 400 €.

Yndō Hôtel

Hôtel de luxe Plan B3

Dans cet hôtel particulier bordelais luxueux datant du XIXe s., découvrez 12 chambres et suites à la décoration unique, pointue et raffinée. Jardin et terrasse. Wifi gratuit.

108, rue Abbé-de-l'Épée • 05 56 23 88 88 • www.yndohotelbordeaux.fr • Chambres : à partir de 230 €; petit déj. : 20 ou 30 €.

Shopping Cadeaux

Entre Deux vins

Cave à vins

36 Plan B3

Sandrine Jacotot, la propriétaire d'Entre Deux Vins, a décidé de se mettre au service des producteurs locaux, des petits, des sans-grade, des vrai amoureux de cette matière noble qu'est le grain de raisin quand il se mêle à un terroir d'exception.

193, rue Fondaudège • Tram Croix de Seguey • 06 75 77 57 86 • www.entredeuxvins.com • Mar.-sam. 10h-21h, dim. 10h-13h.

Le Puits d'Amour

Concept store

37 Plan B3

Ce concept store est à la fois une boutique de décoration (ambiance rétro vintage, on recycle, on bricole) et un atelier de création collaboratif avec découpe laser. Très dans l'air du temps.

113, rue Fondaudège • Tram Fondaudège-Muséum ou Croix de Seguey • 05 33 51 94 98 • www.le-puits-damour.com • Lun.-sam. 10h30-19h • Découpe laser : personnalisation sur devis.

Hasnaâ Chocolat

Chocolats

38 Plan B3

Tous les chocolats d'Hasnaâ sont confectionnés à partir de fèves de cacao issues uniquement de premiers crus de plantation et sélectionnées pour leurs profils exceptionnels. Les chocolats sont ensuite travaillés dans le laboratoire d'Hasnaâ sans arômes artificiels ni conservateurs. Le résultat : un chocolat exceptionnel à déguster sans modération. Un lieu incontournable à Bordeaux.

192, rue Fondaudège • Tram Croix de Seguey • 05 24 61 58 03 • Autres adresses : 4, rue de la Vieille-Tour (G7) et aux Halles de Bacalan • www.hasnaa-chocolats.fr • Mar.-sam. 10h-19h.

Victoire Daumont l'Atelier

Maroquinerie

39 Plan G6

Après avoir collaboré avec la marque I Love Cap Ferret, Victoire Daumont a lancé la sienne, et ce pour notre plus grand plaisir. Dans sa boutique-atelier, découvrez de la petite maroquinerie et des sacs en cuir, le tout entièrement réalisé à la main et personnalisable.

2, rue du Professeur-Démons • Tram Quinconces ou Fondaudège-Muséum • 06 14 98 12 93 • www.victoiredaumont.fr • Mar. et jeu.-sam. 10h-19h • Sacs en cuir : 95-265 €.

LE TOP POUR MANGER SUR LE POUCE

Voici nos meilleures adresses pour vous régaler sur le pouce. Ici, pas de chichis, c'est simple, c'est bon et c'est rapide!

Café Joyeux

Un concept très humain, une salle claire et lumineuse, une jolie terrasse… et de délicieux cookies.

Voir p. 65, quartier 3, Saint-Éloi et Saint-Paul.

SIP Coffee Bar

Un *coffee shop* très agréable où l'on sert une cuisine maison.

Voir p. 87, quartier 6, Place Pey-Berland et alentour.

Koeben

Pour une pause gourmande aux accents nordiques.

Voir p. 98, quartier 7, De Gambetta à Mériadeck.

Eriu

Une cantine gourmande, à l'accueil chaleureux twisté d'un accent irlandais. On adore!

Voir p. 109, quartier 8, Le Jardin public et Saint-Seurin.

Koeben

Juliena

Pour papoter entre copines. Le salon de thé chouchou de vos auteures, qui s'y sont souvent installées pour écrire…

Voir p. 115, quartier 9, Les Chartrons.

LES CHARTRONS, PATINE VITICOLE

9

Antiquaires et créateurs ont remplacé les riches négociants, tonneliers et autres artisans du divin nectar dans ce quartier à la physionomie très marquée par son passé viticole (les maisons avaient leur propre chai !), mais aussi par le commerce colonial. Au XVIIIe s., tandis que l'on vient s'y installer depuis toute l'Europe, le faubourg prospère, un peu à l'écart du centre. Un esprit « village dans la ville » est encore bien présent aujourd'hui, de quoi vous offrir un cadre de balade paisible aux escales surprenantes.

Halle et place des Chartrons

① CAPC – Musée d'Art contemporain✦✦✦

Ce musée incontournable à Bordeaux (mais aussi sur la scène internationale) a l'âme singulière de ces lieux réhabilités en faveur de l'art. Vous y apprécierez le programme culturel pointu et souvent déroutant proposé tout au long de l'année, ainsi que les murs qui l'accueillent.

L'entrepôt Lainé : grandeur et décadence du Bordeaux maritime

L'entrepôt Lainé était à sa construction au XIXe s. un entrepôt réel de denrées coloniales apportées par le commerce maritime, bâti afin de mieux contrôler le stockage et l'expédition des marchandises en provenance des colonies. Le lancement de ce projet fut fortement encouragé par l'un des parlementaires du roi : Joseph-

CAPC – Musée d'Art contemporain

Louis-Joachim Lainé, qui donna son nom à l'édifice. En 1824, l'entrepôt fut inauguré en grande pompe dans ce quartier de riches négociants. Mais peu à peu, face à la concurrence des bâtiments construits en bord de Garonne, il perdit de sa superbe, au point d'être menacé de démolition après sa fermeture définitive dans les années 1960. Toutefois, grâce à la mobilisation de passionnés du quartier, le maire de l'époque Jacques Chaban-Delmas opta pour un rachat par la Ville, et l'entrepôt Lainé, classé Monument historique, commença une seconde vie, réhabilité en lieu culturel.

Haut lieu de médiation contemporaine

Le Centre d'art plastique contemporain (CAPC), créé par Jean Froment en 1973, y prend ses quartiers en 1974, et après avoir fortement attiré l'attention grâce à la qualité de ses expos innovantes, accède en 1984 au titre de musée d'Art contemporain. Trois noms sont associés à sa restauration : les architectes Valode et Pistre, et Andrée Putman pour l'agencement totalement incroyable des lieux. Une nef à la lumière tranchante, accueillant événements, performances et expositions, est encadrée de galeries où l'on déambule pour découvrir les œuvres. Le lieu abrite également une bibliothèque et l'association Arc-en-Rêve, un centre d'architecture créé en 1981. Une terrasse extérieure offre une échappée appréciée quand les œuvres déroutantes commencent à nous éloigner du monde réel…

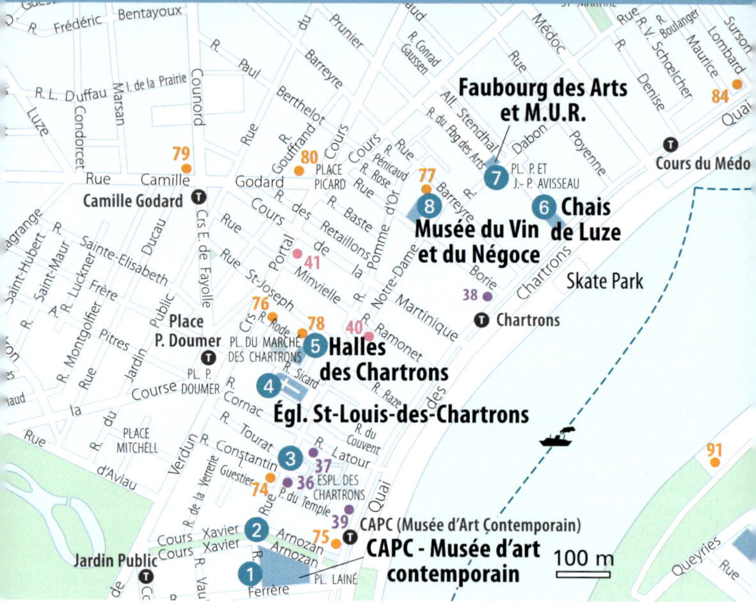

L'art dans tous ses états

Art conceptuel, land art, *Arte Povera*... le CAPC présente les différents courants artistiques contemporains. On y trouve une grande liberté de ton, et de grands noms viennent (parfois par surprise) y exposer : Jean-Paul Gaultier, qui y fit défiler ses créations en 1985, Claude Viallat, Daniel Buren, qui offrit au lieu un spectaculaire jeu de miroirs dans les années 1990, Louise Bourgeois, Anish Kapoor et Cindy Sherman dans les années 2000. La collection du musée rassemble 1 300 œuvres et réunit 190 artistes. C'est l'une des plus riches collections de France dans ce style. Elle est visible en ligne sur le site internet du CAPC. Seules sept œuvres sont présentées in situ de manière permanente (Christian Boltanski, Richard Long...).

7, rue Ferrère • ☎ 05 56 00 81 50 • www.capc-bordeaux.fr • Mar.-dim. 11h-18h (20h mer.) • Fermé j. fériés (sf 14 juil. et 15 août) • Visites flash (juil.-août slt pour 1 € de plus que le prix d'entrée) à 11h30, 14h30 et 16h • Entrée : 5 € collection permanente, 7 € collection + expos temporaires; gratuit le 1er dim. du mois (hors juil.-août).

2 Cours Xavier-Arnozan✦

Point de départ de vos déambulations au cœur du quartier des Chartrons, il flotte ici comme un parfum anglais, même si l'entrée du cours est gardée par une statue de Jeanne d'Arc. Les pavés de cette belle promenade où les négociants du XVIIIe s. vinrent s'installer (lotissement moderne à l'époque) lui valent aussi le nom de **« pavé des Chartrons »**. Ces pavés sont présents dans tout le quartier.

3 Rue Notre-Dame✦✦✦

La rue Notre-Dame offre un cadre de promenade charmant, qui séduira les chineurs. Tout ce dont vous emplirez votre cabas ici sera unique : pas de grandes enseignes, mais du vintage, de la petite boutique de créateur, de la déco de caractère. En plus des nombreux petits antiquaires de la rue, certains bâtiments valent le coup d'œil. Au n° 12 : les colonnes d'un temple protestant (qui va être réhabilité prochainement) offrent une ombre appréciée en été. Au n° 29, levez les yeux : les fenêtres de style hispano-mauresque rappellent que ce lieu abritait des bains turcs ! Aux n°s 61-67, vous trouverez la première galerie d'antiquités d'Aquitaine, le **Village Notre-Dame**. Même les pauses sandwich ou tartine ont l'esprit bohème : pour l'atmosphère brocante, arrêtez-vous le temps d'un café-poème chez Paul's Place au n° 76, avec ses murs couverts de vieux tableaux ! On ne se privera pas de faire quelques échappées dans les ruelles traversantes aux voûtes typiques du quartier : longues et étroites, on croirait encore entendre rouler les barriques de l'époque où le « village » des Chartrons était celui des négociants en vin.

4 Église Saint-Louis des Chartrons✦

Elle a un air de Notre-Dame de Paris : la rosace, la symétrie de ses deux flèches, les vitraux… Mais ne vous fiez pas aux apparences :

Pause gourmande : Juliena

Décoration soignée chaleureuse et Wifi gratuit pour ce snack-salon de thé. Salades et sandwichs maison à petit prix, succulents desserts et bon choix de thés. Il est aussi possible d'y prendre un cours de cuisine.

74 *15, rue Notre-Dame • 05 56 48 01 70 • Lun.-ven. 9h-18h30 • Sandwich : 6,20 €.*

de style néogothique, l'église imaginée par l'architecte bordelais Charles-Louis Brun ne fut édifiée que tardivement (1874-1880). On s'y rend pour son exceptionnel orgue symphonique de tribune, le plus important de la région, réalisé par la fabrique du facteur Wenner-Maille en 1881. On notera également, à l'intérieur de l'édifice, les autels et fonts baptismaux en marbre de Carrare, ainsi qu'une très jolie sacristie en bois d'acajou. Sachez aussi que la nuit, le charme gothique de l'église se révèle sous des illuminations qui méritent de veiller un peu.

51, rue Notre-Dame • ✆05 56 52 94 15
• Concerts d'orgue réguliers toute l'année.

Chais de Luze

5 Halle des Chartrons⁺⁺

Les terrasses des cafés s'étalent autour de cette belle halle du XIXᵉ s. à l'architecture métallique typique de l'époque. À l'intérieur, toute l'année, c'est un vrai bouillon de culture ! Cours de swing, expos photos, concerts, débats rythment le lieu…

10, pl. du Marché-des-Chartrons
• Programmation sur le site www.bordeaux.fr

6 Chais de Luze⁺⁺

On pourrait très facilement passer à côté de ce bijou au 89, quai des Chartrons… Dès l'entrée, observez les murs : ils ont gardé la trace ronde des barriques que l'on entreposait ici. Les anciens chais abritent désormais des écoles et une brasserie à l'extrémité ouest. Une sublime verrière et d'étranges cubes rouges encastrés dans la pierre rendent le lieu particulièrement photogénique.

89, quai des Chartrons.

7 Faubourg des Arts et M.U.R⁺⁺

Le dépaysement continue dans la rue du Faubourg-des-Arts… À nouveau, d'anciens chais accueillent aujourd'hui le savoir-faire d'artistes et artisans : travail du cuir, poterie, bijoux. La parole aux artistes ? Juste à côté, place Paul-et-Jean-Paul-Avisseau, nous vous mettons au pied du « M.U.R » : une toile urbaine de 35 m², qui sert de support aux œuvres éphémères des artistes grapheurs.

Rue du Faubourg-des-Arts.

8 Musée du Vin et du Négoce**

Sa visite est très complémentaire de celle de la Cité du Vin (p. 124). Ce lieu de médiation et de mémoire est une plongée richement documentée dans le commerce du vin et la vie des négociants bordelais des XVIIIe et XIXe s. Vous y apprendrez l'histoire des appellations, des outils et techniques, du système si particulier du classement et du négoce bordelais... et vous pourrez participer à des « travaux pratiques » en fin de visite ainsi qu'à une dégustation dans l'ancienne tonnellerie.

Cellier des Chartrons, 41, rue Borie • ☎ 05 56 90 19 13 • www.museeduvinbordeaux.com • T.l.j. 10h-18h • Fermé 1er janv. et 25 déc. • Entrée : 10 € (avec dégustation de 2 vins), 15 € (3 vins).

Restos | Bars | Hôtels | Shopping | Activités

Restos Bistrots

Pastel

Cuisine moderne 75 Plan C3

C'est souvent une clientèle d'habitués qui se presse chez Pastel. Il faut dire que le lieu est accueillant et la cuisine excellente, moderne et généreuse. Les produits régionaux sont mis en valeur en fonction des saisons : merlu de Saint-Jean-de-Luz, porc noir basque, blonde d'Aquitaine, etc. et une attention particulière est portée aux dressages. Bonus : la petite terrasse très agréable aux beaux jours.

2, quai des Chartrons • Tram CAPC • ☎ 09 70 98 62 20 • www.restaurant-pastel.com • Mar.-sam. 12h-13h30, jeu.-sam. 19h30-22h30 • Midi : formules 18 ou 21 €.

El Nacional

Argentin 76 Plan C2

Cuisine argentine traditionnelle et généreuse concoctée par le chef Hugo Naon. À tester : les viandes cuites au gril accompagnées de sauce *chimichurri* (de l'onglet à l'entrecôte de 450 g) et les *alfajores*, sablés aux noix, fourrés au *dulce de leche*.

23, rue Rode • Tram Paul-Doumer • ☎ 05 56 79 22 76 • www.elnacional.fr • Lun.-sam. 12h-14h et 19h30-23h • Midi : plat du jour 13 €, formules 19-24 €; plats de viande 20-43 €.

La Boulangerie

Cuisine du Sud-Ouest 77 Plan C2

Cuisine du Sud-Ouest (tricandilles, salade de gésiers, magrets), viande cuite au feu de bois et frites maison pour cet établissement situé dans une petite rue tranquille du quartier des Chartrons. Accueil chaleureux, on se sent comme à la maison.

48, rue Barreyre • Tram Chartrons • 05 57 87 60 76 • www.restaurant-la-boulangerie.fr • Mar.-ven. slt le soir sur résa 48h av. • Menu 25 €.

La Cabane Cent Un

Bar à huîtres 78 Plan C2

Bar à huîtres en provenance directe du cap Ferret proposant également des coquillages (bulots, crevettes). Extrême fraîcheur garantie. Pour ceux qui n'aiment pas les huîtres, il y a aussi des assiettes de charcuterie et de fromage. Ambiance décontractée et excellent accueil. Possible de prendre à emporter.

7, rue Rode • Tram Paul-Doumer • 09 83 62 83 41 • www.cabanecentun.fr • Lun.-mer. 16h-21h, jeu.-dim. 12h-21h • Assiette 6 huîtres spéciales ou charcuterie maison 10 €.

Le Mirabelle

Brasserie 79 Plan C2

Cuisine de bistrot, twistée d'une touche de modernité et d'originalité, dans ce restaurant à l'accueil souriant. Au menu : petit salé aux lentilles, bavette de bœuf, blanquette de veau ou poulpe mariné. Les assiettes sont colorées, appétissantes et généreuses, à déguster au soleil en terrasse aux beaux jours.

37, rue Camille-Godard • Tram Camille-Godard • www.lemirabellebrasserie.fr • 05 57 82 62 36 • T.l.j. 11h-1h • Midi : plat du jour 16 €, formules 19 € ou 22 € (w.-e.); soir : entrée 6-12 €, plat 18-26 €, dessert 8-12 €; menu enfant 15 €.

Le 9 Ô plat

Bistrot 80 Plan C2

Bistrot de quartier simple et sans prétention avec cuisine maison généreuse et délicieuse (lapin à la moutarde de Meaux, filet de saint-pierre beurre citronné). Venir tôt ou réserver.

9, rue Camille-Godard • Tram Camille-Godard • 05 57 87 12 38 • Lun.-mar. 12h-14h, mer.-ven. 12h-14h et 19h30-21h30 • Midi : formule 16 €; soir : plats 17-20 €.

Bars, clubs Sorties

La Conserverie

Bar à vins 36 Plan C3

À la fois cave à vins, conserverie, épicerie fine et salon de dégustation, cet établissement bénéficie d'un petit patio très agréable. Une large partie de la carte est consacrée aux appellations françaises. Prix raisonnables pour le quartier.

18, rue Notre-Dame • Tram CAPC ou Paul-Doumer • 05 56 81 49 17 • Mar. 17h-22h30, mer.-sam. 11h30-22h30, dim. 12h-15h.

Le Zytho

Bar à bières 37 Plan C3

Si vous pensez ne pas aimer la bière, n'hésitez pas à vous rendre

Le Zytho

au Zytho, le bar qui tentera de vous la faire apprécier. Au choix, 18 bières pression du moment dans 2 formats possibles : 25 ou 50 cl, plus de nombreuses bières en bouteilles. Accueil et ambiance chaleureux, bons conseils et petites assiettes et planches de dégustation (tapenade, rillettes…).

28, rue Latour • Tram CAPC ou Paul-Doumer • ☎09 83 23 03 03 • Jeu.-sam. 17h30-1h (minuit mar.-mer.) • Bière pression 25 cl 3,50-5 €, 50 cl 6-9 €; assiette tapenade ou rillettes 5 €, planche 10-16 €.

Le Bistrot du Fromager

Bar à vins 38 Plan C2

Si vous êtes amateur de vins et fromages, mais aussi de charcuteries, alors voici l'adresse qu'il vous faut. Excellents produits, conseils personnalisés et accueil impeccable. Une vraie ode au terroir sous toutes ses formes. Tout est fait pour passer un excellent moment. Petite terrasse.

73, quai des Chartrons • Tram Chartrons • www.lebistrotdufromager.com • ☎05 56 98 17 08 • Mar.-sam. 18h-1h30 • Vin à partir de 20 € la bouteille.

Le Symbiose

Speakeasy 39 Plan C3

Pour découvrir le bar, invisible depuis la rue, il faut d'abord entrer dans le restaurant, puis, tout au fond de la salle, découvrir la seconde pièce, dissimulée derrière une grosse horloge comtoise. Vous avez ainsi gagné le droit de découvrir les cocktails de Lucas et Simon, des plus classiques aux plus expérimentaux, à consommer accompagnés de délicieuses assiettes, en symbiose avec les boissons !

4, quai des Chartrons • Tram CAPC • ☎05 56 23 67 15 • Mar.-sam. 19h-2h • Cocktail 10-13 €; tapas 6-13 €.

Hôtels B&B

Chez Dupont

Chambres d'hôtes Plan C2-3

Sa suite et ses 6 chambres d'hôtes situées dans un immeuble du XVIIIe s. entièrement rénové du quartier des Chartrons offrent le charme de l'ancien et le confort de la modernité. Décoration soignée.

2, rue Cornac • Tram Paul-Doumer • ☎ 06 95 15 77 37 • www.chez-dupont.com • Chambres 130-150 €, suite 220 € • Transfert depuis l'aéroport 50 €.

Shopping Cadeaux

Do you speak français ?

Concept store 40 Plan C2

Dans ce très joli concept store du quartier des Chartrons ne sont exposées que des marques made in France : vêtements de créateurs (Cheek Fille ou T'Edith pour ne parler que des bordelaises), chaussures (Raoulle), bijoux, accessoires (Le Chant du Robot) et même de l'épicerie. Accessible à toutes les bourses. Cerise sur le gâteau, le lieu fait également salon de thé.

93, rue Notre-Dame • Tram Chartrons ou Camille-Godard • ☎ 06 24 99 64 12 • www.doyouspeakfrancais.fr • Mar.-sam. 11h-19h.

Maison Seguin – Le puits d'Amour

Gourmandises 41 Plan C2

Ne quittez pas Bordeaux sans avoir goûté les puits d'amour, ces délicieuses spécialités composées d'une croûte en pâte à choux garnie d'une crème façon pâtissière, caramélisée. C'est à la fois croustillant et fondant. Essayer le puits d'amour, c'est l'adopter définitivement !

58, cours Portal • Tram Chartrons • ☎ 06 42 09 61 12 • Mer.-sam. 9h30-13h et 16h-19h30, dim. 9h30-13h • Aussi : 160, av. Charles-de-Gaulle (plan A2) • ☎ 05 57 88 22 20 • Mar.-sam. 8h30-13h et 16h-19h30, dim. 8h30-13h.

Activités Détente

Balade street art

Le quartier des Chartrons, avec ses anciens chais de négoce, est devenu l'un des terrains de jeu privilégiés des street-artistes de la capitale girondine. Des quais jusqu'au marché, Jourdan O'Mullan, guide conférencière, vous embarque pendant 1h30 pour une visite captivante où la grande histoire de Bordeaux se raconte à travers des œuvres d'art urbain. La visite démarre par un impressionnant graf de l'artiste bordelais A-Mo, représentant la silhouette d'un bateau sous lequel nage une baleine à bosse : l'évocation d'un épisode largement méconnu de l'histoire, le naufrage en 1920 de L'Afrique, le Titanic français, qui fit 568 victimes, dont 178 tirailleurs sénégalais.

• Départ de l'arrêt de tram Chartrons • Résa obligatoire sur www.myurbanexperience.com • Mer. et sam. à 14h, dim. à 11h • Tarif : 15 € ; dégressif à partir de 3 pers.

NOTRE SÉLECTION DE BARS À BIÈRES

La ville du vin s'est mise au liquide ambré ! Vous y trouverez donc de nombreux bars spécialisés et quelques microbrasseries, où l'on sert des spécialités locales (la bière aux coquilles d'huîtres, par exemple), nationales ou internationales. Principalement situés dans les quartiers Saint-Paul et Saint-Pierre, ces établissements sont fréquentés par une clientèle souvent branchée.

L'Amirale Bière

Pour sa cave. Grand choix de bières variant au fil des saisons.

Voir p. 67, quartier 3, Saint-Éloi et Saint-Paul.

Au Nouveau Monde

Pour sa microbrasserie au sous-sol et pour son ambiance québéco-bordelaise.

Voir p. 67, quartier 3, Saint-Éloi et Saint-Paul.

The Connemara Irish Pub

Le plus irlandais de Bordeaux, avec une ambiance de folie lors des grands événements sportifs.

Voir p. 90, quartier 6, Place Pey-Berland et alentour.

Jaqen Craft Beer

Pour sa sélection de bières artisanales.

Voir p. 99, quartier 7, De Gambetta à Mériadeck.

Au Nouveau Monde

Le Zytho

Pour les différentes tailles de verre proposées et pour le choix de bières à la pression.

Voir p. 118, quartier 9, Les Chartrons.

VIGNOBLE BORDELAIS : LE B.A.-BA

Les vins de Bordeaux, c'est à la fois des nectars d'excellence réputés dans le monde entier, des châteaux grandioses, des vignes à perte d'horizon... Fleuves, soleil, vallons et sols jouent divinement les mères nourricières, et sur tout cela se pose pour les sublimer la main de femmes et d'hommes aussi inventifs que passionnés.

Les appellations

Pour commencer, il n'y a pas un mais des vins de Bordeaux. On y trouve à peu près tous les types de vin : rouge, blanc sec, blanc moelleux et liquoreux, clairet, rosé, crémant. Parmi les AOC, on trouve principalement les **côtes-de-bordeaux** (bordeaux rouges, clairets, rosés), **saint-émilion-pomerol-fronsac, médoc, sauternes** et **graves** (blancs secs, moelleux et liquoreux).

Le point sur la géographie : les **graves** et **sauternes** se situent au sud de Bordeaux, le **médoc** sur la rive gauche de l'estuaire, **l'entre-deux-mers** entre la Garonne et la Dordogne (d'où le nom !), les **blaye** et **bourg** sur la rive droite, le **libournais** autour de **Saint-Émilion**, et les **bordeaux et bordeaux supérieurs** un peu partout sur le territoire. Ça a l'air compliqué, mais rassurez-vous, ça ne l'est pas tant que ça !

Les cépages

Il y en a six principaux. Côté rouges : le merlot (65 %), le cabernet sauvignon (23 %) et le cabernet franc (10 %). Côté blancs : le sémillon (49 %), le sauvignon blanc (43 %) et la muscadelle (6 %). Les autres sont en très faibles proportions (carménère, malbec, petit verdot, colombard, etc.). L'assemblage des cépages, étudié avec minutie par l'œnologue pour chaque

Château Nodot

millésime, fait la particularité des vins de Bordeaux. Des ateliers permettant d'assembler votre propre vin vous initieront à cette pratique, à Bordeaux même ou dans les vignobles alentour (p. 32, 171 et 172).

Le classement

Bordeaux ouvre la marche des classifications en 1855 sous Napoléon III. On parle de « crus classés » : le terme se rapporte à un terroir jugé exceptionnel. Quatre régions du Bordelais ont droit à cette distinction : le Médoc, les Graves, Sauternes-Barsac et Saint-Émilion. Mais pour les vins non répertoriés comme crus, tout n'est pas cuit ! Certaines appellations ont aussi une grande réputation en dehors des classements, et se vendent tout aussi bien. Aujourd'hui, on recense cinq classements dans le Bordelais : classement de 1855, classement des Graves, classement de Saint-Émilion, classement des crus bourgeois du Médoc et classement des crus artisans.

Halte aux clichés !

Élitiste, fermé, poussiéreux : le monde du vin souffre de nombreux clichés. Bordeaux les cumule doublement avec une réputation qui voudrait la ville hautaine et inaccessible dès lors que l'on parle bouchon. Pourtant, l'œnotourisme y est très développé et les professionnels de la vigne invitent à faire tomber les barrières inutiles. Le vin est une affaire sérieuse, certes, mais cela n'empêche ni le plaisir, ni la démocratisation. Animations pour les familles, sport dans les vignes, festivals, belle représentation des femmes vigneronnes (longtemps tenues à l'écart des chais) et, toujours, le sourire de vos hôtes : ce Bordeaux est sans chichis !

La dégustation

Osez le rituel, il ajoute au plaisir. Si vous succombez (à raison) à l'envie de vous initier très sérieusement à la dégustation en compagnie d'un œnologue, vous apprendrez que celle-ci est un art, et que le premier de nos sens à savourer un vin... n'est pas le goût.

Voir aussi p. 162 et 171, ainsi que la carte des appellations du vignoble bordelais sur le plan détachable. ■

Le vignoble en chiffres

Le plus vaste vignoble d'AOC en France (111 150 ha) ; une soixantaine d'AOC ; 6 822 récoltants ; taille moyenne des exploitations : 16,6 ha ; 300 maisons de négoce ; près de 55 000 emplois directs et indirects ; 4,7 millions d'hectolitres produits par an ; 23 bouteilles de bordeaux vendues chaque seconde dans le monde ; 1re destination œnotouristique de France ; le 45e parallèle nord passe exactement à Bordeaux, et ce serait la latitude idéale pour produire un vin !

BACALAN ET LES BASSINS À FLOT

10

Bordeaux nord, ancien fief du commerce maritime, voit son visage en perpétuelle évolution ces dernières années, depuis que l'activité portuaire s'est déplacée plus loin sur l'estuaire. Mais ce quartier a gardé l'empreinte d'une époque où marins, marchands et militaires y étaient établis. Désaffectés puis réhabilités, c'est dans les vieux entrepôts que se développe le « Bordeaux nouveau », et c'est d'ailleurs ici que s'élèvent les projets les plus ambitieux de la ville : le pont Jacques-Chaban-Delmas et la Cité du Vin. Bacalan, ce faubourg développé autour du commerce portuaire des Bassins à flot, a su préserver la mémoire ouvrière et les paysages industriels de son passé, tout en fourmillant de projets artistiques !

Pont Jacques-Chaban-Delmas

1 Cité du Vin✦✦✦

« Bordeaux » : partout dans le monde, ce nom évoque les plaisirs du divin nectar… Capitale de l'œnotourisme, Bordeaux devait bien se doter d'un monument à la hauteur des liens qui l'unissent à Bacchus ! Prêt à tenter l'expérience ?

Inédit : un lieu dédié à tous les vins du monde

Unir en un même lieu l'histoire de toutes les civilisations par le prisme du vin, c'est chose faite avec l'inauguration en juin 2016 de la Cité du Vin. Que les esprits taquins qui y verraient un monument un peu mégalo érigé à la gloire des vins de Bordeaux se rassurent, point de chauvinisme dont on accuse parfois les Bordelais, mais, au contraire, une grande déclaration d'amour au vin dans ce qu'il a de plus universel.

Une drôle de forme

Que l'on arrive par la terre ou par le fleuve (la Cité du Vin a son ponton et des croisières dans le vignoble partent depuis sa rive), le monument déconcerte par sa forme atypique, tournoyante et baignée de lumière comme un sauternes au fond d'un verre, avec l'aspect rugueux d'une peau de reptile.

Et le fond ?

Le parcours permanent vous plonge dans un univers très particulier qui fait la part belle aux nouvelles technologies et au virtuel ; vous traverserez différents pays et époques, et croiserez même l'acteur Pierre Arditi faisant la causette avec d'illustres personnages historiques. Les sens sont également mis en valeur avec une luminosité et des sons plutôt déroutants, ainsi qu'un

Cité du Vin

espace « madeleine de Proust » qui emprisonne des parfums sous cloche et fait appel à votre mémoire olfactive. L'établissement dispose d'un auditorium,

Pause au sommet : La Cité du Vin

Grimpez au 7e étage de ce temple entièrement dédié aux vins du monde, destination **Le 7,** un restaurant tendance bistronomie. À la carte, des plats élaborés à partir de produits régionaux, évoluant au rythme des saisons et cuisinés aux saveurs du monde. La vue sur Bordeaux depuis la miniterrasse y est magnifique !

81 ***Le 7, Cité du Vin • 4, esplanade de Pontac • 05 64 31 05 40 • Dim.-mer. 10h-14h30, jeu.-sam. 10h-14h30 et 19h-23h • Formule midi 25 € ; menu soir 65 €.***

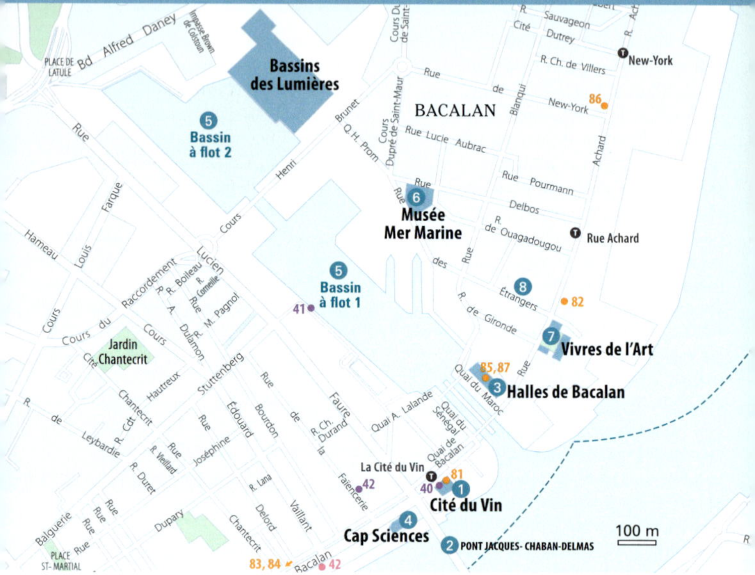

il accueille des expositions temporaires et il propose un programme culturel dynamique : concerts, débats, conférences, projections de films ou encore animations hors les murs.

Ateliers et art de vivre

Pour que l'expérience soit complète, laissez-vous tenter par l'un des ateliers interactifs. Par exemple, une initiation « sens dessus dessous » à la dégustation ou un atelier spécial famille (50 € pour 2 adultes et 2 mineurs ; à partir de 6 ans).

Côté vue et papilles, la Cité du Vin dispose d'un belvédère incroyable sur la ville, d'une cave à vins du monde (800 références !), d'un bar à vins et d'un restaurant. Un espace vivant adapté à tous les publics : que vous soyez très calé ou totalement novice en la matière, vous ne serez pas déçu !

134-150, quai de Bacalan et 1, esplanade de Pontac • ☎ 05 56 16 20 20 • www.laciteduvin.com • Juil.-août : t.l.j. 10h-19h ; reste de l'année : lun.-ven. 10h-18h, sam.-dim. et j. fériés 10h-19h (vac. scol. t.l.j. 10h-19h) ; fermé 25 déc. et 1er janv. • Entrée : 20 €.

2 Pont Jacques-Chaban-Delmas**

Vous entendrez plutôt parler du « pont Ba-Ba », le sobriquet par lequel les Bordelais ont pris l'habitude de nommer cet incroyable pont à l'allure futuriste reliant le quartier Bacalan au quartier de la Bastide. Inauguré en 2013, c'est le plus haut pont-levant d'Europe (77 m) et ses immenses pylônes blanc-nuage révèlent aux noctambules de poétiques animations lumineuses : bleues à marée haute, vertes à marée basse. Il dévoile enfin toute sa superbe lorsqu'il relève sa vaste travée centrale au passage d'un navire ; c'est un vrai spectacle.

Pour les horaires de fermeture : www.pontchaban.fr • http://sedeplacer.bordeaux-metropole.fr

3 Halles de Bacalan++

Proust est à Zola ce que les Halles de Bacalan sont à celles des Capucins : moins « canailles », mais tout autant adeptes de bonne chère. Ce marché récent accueille des producteurs locaux et du monde, avec possibilité de manger sur place. Coup de cœur pour les chocolatines de la Petite Boulangerie, le Carreau des Producteurs et les produits à la truffe de chez Balme.

10, quai de Bacalan • https://biltoki.com/hallesbacalan • Mar.-mer. 8h-14h30 et 16h30-20h30, jeu.-sam 8h-14h30 et 16h30-22h30., dim. 8h-17h.

4 Cap Sciences++

Pas toujours évident de récolter les suffrages des enfants quand vous leur proposez une activité culturelle. Cap Sciences réussit le pari : la science est ici déclinée à travers des espaces, expos et ateliers ludiques, combinant animations permanentes et scénographies temporaires toujours captivantes pour les petits. L'objectif de ce centre de culture et de médiation, bien plus qu'un musée, est de rendre la science accessible au plus grand nombre, et de répondre de façon simple et interactive aux questions que l'on peut se poser, et qui font rêver de génération en génération (les mystères de l'espace, de l'archéologie, etc.). Des sessions découvertes (renouvelées tous les 6 mois) sont proposées dès 3 ans, et d'autres sont adaptées aux jeunes (8-14 ans).

Halles de Bacalan

Hangar 20, quai de Bacalan • ☎05 56 01 07 07 • www.cap-sciences.net • Mar.-ven. 14h-18h, sam.-dim. 14h-19h (et lun. pdt les vac. scol.) • Entrée : 9 €; expériences : 5 € chacune (Planétarium, Wild immersion, Spectacul'air).

5 Bassins à flot✦✦✦

Au programme, une balade atypique dans un Bordeaux moins classique et surprenant. Construits à la fin du XIXe s. et reliés au fleuve par un système d'écluses, les deux vastes docks permettaient à Bordeaux de prétendre à la même capacité maritime que ses concurrentes qui avaient un accès direct à la mer. Si les bassins à flot ont été désertés par les navires, ils ont été préservés et réhabilités par les Bordelais, toujours très attachés à cette page de leur passé. On aime se promener autour des deux formes de radoub, où les navires venaient entretenir leur coque. Dans une ambiance de friche industrielle, on croisera d'anciens silos et huileries, des grues classées Monuments historiques, des péniches qui ne quittent plus le port mais deviennent chaque nuit des clubs branchés.

Bassins à flot

Les Bassins des Lumières

Véritable coup de cœur pour cette réhabilitation des anciens bassins de la base sous-marine construite par les Allemands durant la Seconde guerre mondiale. Aujourd'hui devenu les Bassins des Lumières, un haut lieu de l'art à Bordeaux, ce colosse de béton a été investi par Culturespaces (les Carrières de Lumières aux Baux-de-Provence ou encore l'Atelier des Lumières à Paris) pour créer le plus grand centre d'art numérique au monde. Au fil des expositions, le visiteur déambule entouré de tableaux projetés sur les enfilades de murs, les passerelles et les piliers géants, le tout se reflétant dans les eaux sombres des bassins. À voir absolument.

Bassins des Lumières : *Impasse Brown-de-Colstoun • ☎05 35 00 00 90 • www.bassins-lumieres.com • Avr.-sept. et vac. scol.: dim.-jeu. 10h-19h, ven.-sam. 10h-21h; oct.-mars hors vac. scol. : dim.-jeu. 10h-18h, ven.-sam. 10h-20h • Entrée : 13,50 €; pass famille : 40 € (2 adultes + 2 enfants) • Résa en ligne obligatoire.*

6 Musée Mer Marine✦

Ce musée, c'est l'histoire d'un passionné de mer et de navigation qui, à 60 ans, a réalisé un rêve d'enfant : s'offrir un écrin de 13 000 m² sur 7 niveaux au cœur du quartier des bassins à flot, pour partager avec le public sa collection de plus de 10 000 pièces. L'exposition permanente présente une histoire de la navigation jalonnée de maquettes – certaines grandeur nature – de bâteaux de pêche, paquebots ou voiliers. On y voit même une découpe du Titanic révélant les entrailles du fameux paquebot ou encore une pirogue préhistorique, mais aussi des documents comme l'*Atlas de voyage* de l'explorateur du Pacifique Jean-François de la Pérouse. Lieu d'exposition, ce musée a également vocation à sensibiliser le public à la protection des océans.

89, rue des Étrangers • ☎ 05 57 19 77 73 • www.mmmbordeaux.com • Mar.-ven. 13h-19h, sam.-dim. et j.f. 10h30-19h • Entrée : 14 €.

7 Vivres de l'Art✦✦

Il s'agit d'anciens abattoirs et bâtiments des vivres de la Marine réinvestis par l'artiste Jean-François Buisson, qui y installa d'abord son atelier au début des années 2000, puis y développa un projet associatif qui en fait un vrai labo d'artistes, encouragé par le mécénat. L'ambiance y est dingue, à la fois champêtre, arty et esprit dock. De grandes sculptures anguleuses en fer vous accueillent. Ce nouveau visage de Bordeaux séduira les amoureux d'arts urbains, contemporains, ou tout simplement ceux qui aiment être menés loin des sentiers battus. Le plus : dans les jardins partagés des Vivres de l'Art s'est ouvert le premier projet de brasserie collective en France : la PIP (Pression imparfaitement parfaite).

4, rue Achard • www.lesvivresdelart.org • Lun.-ven. 10h-12h30 et 14h-18h, sam.-dim. et j. fériés selon le programme • Tarifs en fonction du programme à consulter sur le site internet.

Et plus loin à Bordeaux Nord ?

Le stade Matmut Atlantique est un monument à lui seul ! Son design géométrique, épuré et presque futuriste, fait le bonheur des photographes.
www.matmut-atlantique.com

Pas le temps d'aller jusqu'à Arcachon pour faire trempette ? Baignade surveillée à Bordeaux Lac, aux portes de la ville, avec animations et espaces pour pique-niquer.
À Bruges • www.bordeaux-tourisme.com • Juin-août : t.l.j. 12h-19h; sept. : mer. et sam.-dim. 12h-19h.

Pour une escale romantique, direction le Parc floral, où vous trouverez entre autres 479 variétés différentes de roses.
Av. de Pernon • www.bordeaux.fr

Un GR dans la ville

Bonne nouvelle pour les randonneurs de tout poil ! Bordeaux dispose depuis 2020 du premier sentier de grande randonnée métropolitain de France : une boucle de 160 km reliant les 17 communes de la métropole bordelaise, le tout accessible en transports en commun. De 40 min à un ou deux jours de marche, les sentiers sont bien balisés et ne présentent aucune difficulté. Il est même possible de passer une nuit rustique en pleine nature grâce aux 11 refuges périurbains à l'architecture insolite qui jalonnent le parcours. Alors enfilez vos chaussures de marche et partez à la découverte de lieux et panoramas insoupçonnés. Dépaysement et tourisme durable garantis.

Topoguide Autour de Bordeaux GR métropolitain *disponible à l'office du tourisme de Bordeaux (15,90 €) • Balisage blanc-rouge • Refuges de 6 à 11 pers., ouv. mars-nov ; résa en ligne obligatoire : https://lesrefuges.bordeaux-metropole.fr*

8 Garage Moderne✦

Son parfum mi-bohème mi-industriel fait écho aux Vivres de l'Art. L'idée est simple mais géniale : en 2000 s'est ouvert ce garage associatif où l'on peut venir réparer sa voiture, son vélo, ou encore son scooter. Univers totalement atypique et original, le Garage Moderne accueille aussi régulièrement des événements culturels. La structure de brique et de pierre a été gardée intacte pour conserver le souvenir ouvrier de l'ancien quartier Bacalan.

1, rue des Étrangers • ☏05 56 50 91 33 ou 05 56 04 93 32 • www.legaragemoderne.org • Atelier sur rdv : lun.-ven. 9h-12h et 14h-18h (fermé mar. mat.).

Restos Bistrots

Bar de la Marine

Bistrot 82 Plan E1

Ce joli jardin orné de roses anciennes, caché derrière une porte cochère, est parfait pour déjeuner à l'extérieur dans une ambiance très 1950, à la décoration vintage. La cuisine maison est simple et honnête pour une clientèle de quartier qui ne s'y trompe pas. À découvrir dans cette zone en pleine mutation.

28, rue Achard • Tram Rue-Achard • ☎ 05 56 50 58 01 • Lun.-ven. 9h-18h (le soir sur résa pour groupe) • Midi : plat du jour 10 €, formules 15 et 19 €.

Le Riva

Burgers 83 Plan D2

Les burgers y sont originaux, avec des produits frais et des pains artisanaux, et les frites délicieuses sont faites maison. La terrasse, le long de la Garonne, est très agréable – prévoyez les lunettes de soleil.

Centre commercial Quai des Marques, Hangar 17 • Tram Les Hangars • ☎ 05 56 79 23 73 • Mar. 10h-18h30, mer.-lun. 10h-22h • Midi : plat du jour 10 €.

Chez les copains

Bistrot 84 Plan D2

Petit restaurant à l'ambiance sympathique, sans prétention, pratique pour un déjeuner sur le pouce. Carte courte et produits de saison. Miniterrasse.

1, quai de Bacalan • Tram Les Hangars ou Cours-du-Médoc • ☎ 05 56 04 55 27 • Lun.-ven. 9h-14h30 et 19h-22h30 • Midi : plat du jour 13 €, formule 15 €, menu 19 €; soir : plats 17-27 €, salades 18 €.

Dose Posologie Addictive

Bar à jus 85 Plan D1

Excellent bar à jus. Toute la journée, Dose extrait le meilleur des légumes et des fruits bio : *green smoothie* avec 60 % de fruits et 40 % de légumes, milk-shakes avec ou sans lactose (lait d'amandes, soja, etc.), jus d'agrumes pressés, et même une potion magique pour nos chères têtes blondes. Petite restauration bio, *healthy* et gourmande, souvent végétarienne voire végétalienne.

Halle de Bacalan, face à la Cité du Vin, 149, quai de Bacalan • Tram Les Hangars ou Cours-du-Médoc • www.dose-jus-fooding.fr • ☎ 09 81 36 38 44 • Mar.-ven. 8h-14h30 et 17h30-20h30, sam. 8h-20h30, dim. 8h-15h • Nutri bowl env. 10 €.

Cinquième Quartier

Bistrot 86 Plan E1

Ici, Adeline et Giovanni Lombardi font le pari de vous faire aimer les abats et c'est absolument réussi. On s'y régale de tête de veau sauce *tonnato*, de langue de bœuf braisée et de tagliatelles au ragoût de queues de bœuf. Tout est délicieux ! Un vrai coup de cœur pour cette cuisine canaille.

115, rue Achard • Tram New York • ☎ 05 57 89 53 05 • Mar.-mer. et dim. 12h-15h, jeu.-sam. 12h-15h et 19h-23h • Midi 20-25 €; soir 40-50 €; à la carte : entrée 9 €, plat 25 € (portions généreuses), dessert 8 €.

Échoppe des Halles

Cuisine du marché 87 Plan D1

Comptoir gourmand situé en plein cœur des Halles de Bacalan, juste en face de la Cité du Vin. On aime s'y attabler pour sa cuisine simple et conviviale : planches de charcuterie, plateaux de plancha à partager et les incontournables cocottes (goûtez la délicieuse

L'IBOAT

cocotte de morue à la crème d'ail, l'une des spécialités de la maison).

Halles de Bacalan, 10, quai de Bacalan • Tram Les Hangars ou Cours-du-Médoc • www.frederic-coiffe.com • ☏06 03 16 37 43 • Mar.-mer. 9h-15h, jeu.-sam. 11h30-14h30 et 19h-22h30, dim. 9h-16h • Planches de charcuterie 15,50-21,50 €; plancha entrecôte bordelaise ou chipirons grillés 19 €; cocotte 19 €.

Bars, clubs Sorties

Le bar à 20 – Latitude 20

Bar à vins 40 Plan D2

Situé au sommet de la toute nouvelle Cité du Vin, ce bar à vins au design contemporain propose une carte des vins internationale. Laissez-vous tenter par une dégustation d'un vin sud-africain, moldave ou chilien. Plus de 70 pays sont représentés avec 800 références de vins à goûter en contemplant la vue.

Cité du Vin, 134-150, quai de Bacalan • Tram Cité-du-Vin; bateau-bus (BatCub) Cité-du-Vin • ☏05 64 31 05 50 • www.latitude20.fr • T.l.j. 10h-19h.

L'IBOAT

Club sur l'eau 41 Plan D1

Voici l'un des lieux qui bougent le plus à Bordeaux! Dans un ancien ferry comportant plusieurs espaces (687 m² sur 3 niveaux!) ont été aménagés une salle de concerts, un club, un resto sur le pont (servant une cuisine de marché), ainsi qu'une terrasse chauffée pour les apéros, concerts acoustiques, *DJ sets* et happy hour. Le pont supérieur accueille des événements et privatisations.

Bassin à flot 1, quai Armand-Lalande • Tram Cité-du-Vin • 05 56 10 48 35 • www.iboat.eu • T.l.j. : resto 16h-1h, salle de concerts 19h-23h, club 23h30-6h.

Le Theatro

Club

42 Plan D2

Bonne ambiance, musique variée (electro, pop, house…) pour ce haut lieu de la nuit bordelaise situé à deux pas du pont Chaban-Delmas. À l'intérieur, vous trouverez deux salles et deux ambiances, dont une réservée aux plus de 30 ans. Tenue vestimentaire conseillée : casual chic.

24, rue de la Faïencerie • Tram Cité-du-Vin • 06 73 49 37 18 • www.theatro-bordeaux.com • Ven.-sam. minuit-6h • Entrée 12 € avec conso.

Shopping Cadeaux

Échoppe de la Lune

Épicerie historique

42 Plan D2

Anna Pedelaborde est passionnée de gastronomie et de terroir. Dans son échoppe nommée en hommage au nom du port de Bordeaux, le port de la Lune, elle fait découvrir sa ville à travers l'histoire de ses spécialités culinaires. C'est l'endroit idéal pour rapporter un cadeau gourmand à vos proches : noisettines ou sarments du Médoc, cannelés, caviar d'Aquitaine, lamproie à la bordelaise, il y en a pour tous les goûts. Accueil chaleureux.

Hangar 18, quai de Bacalan • Tram Cité-du-Vin ou Les Hangars • www.echoppe-delalune-bordeaux.com • 06 09 37 59 55 • Mar.-dim. 10h-19h (+ lun. 10h-19h pdt vac. scol. et périodes de soldes) • Cannelés à partir de 5,90 €, noisettines à partir de 11,90 €, lamproie à la bordelaise 32,90 €/400 g.

Activités Détente

Confection de cannelés

Goûter aux cannelés, c'est prendre le risque de devenir accro. Pour ne jamais être en manque, même loin de Bordeaux, apprenez à les faire vous-même ! Dans cet atelier donnant sur la Garonne, venez acquérir la maîtrise d'un extérieur croustillant et d'un cœur fondant. Durant 2h, vous réaliserez un cannelé classique mais aussi une déclinaison salée au fenouil, poireaux ou champignons, ainsi qu'une version dessert façon financier au thé vert matcha. Plus surprenant mais tout aussi gourmand !

Elite Cookin, les ateliers de cuisine : ***Hangar 18, quai de Bacalan (côté Garonne) • 05 57 29 44 18 • www.elitecooking.fr • Tarif : 60 €/pers.***

RIVE DROITE : ART ET ÉCODÉVELOPPEMENT

11

La rive droite fut longtemps reléguée au second plan, autant par les Bordelais que par les touristes, tout juste appréciée pour sa vue sur la rive gauche… Certes, c'est d'ici que les façades du port de la Lune révèlent leur beauté, mais oubliez un instant l'autre côté du fleuve pour savourer une balade dans ce quartier étonnant qu'est le Bordeaux Bastide. L'architecture du XXe s. flirte avec de surprenants puits de nature et des projets comptant parmi les plus audacieux de la ville. Il y règne aussi une ambiance guinguette à laquelle vous devez impérativement goûter !

Parc aux Angéliques

1 Le Lion de Veilhan✦✦

Il est inratable du haut de ses 6 m et repérable de loin grâce à sa couleur menthe glaciale. Allure futuriste, anguleux comme un iceberg, on le doit à Xavier Veilhan, qui souhaitait en faire un emblème de la rive droite : c'est réussi ! Il fut installé sur la place en 2005 dans le cadre d'une opération de la municipalité ayant pour vocation de placer l'art dans la ville le long du parcours du tramway.

Pl. Stalingrad.

2 Église Sainte-Marie-de-la-Bastide✦

Depuis la rive gauche, son clocher à l'allure orientale se détache sur le ciel. L'été, les lumières des couchers de soleil la parent de teintes orangées… De près, elle est d'une blancheur immaculée. À l'intérieur de cette église de style néomédiéval bâtie au XIXe s., on aime l'alliance finalement harmonieuse entre les murs bruts, la charpente apparente et les fins détails apposés.

62, av. Thiers • ☎05 56 86 20 59.

3 Jardin botanique✦✦

En poursuivant sur l'avenue Abadie, après être passé à côté de l'ex-zone ferroviaire en friche, on pénètre dans le Jardin botanique, où la nature ramène sa science. Il est implanté ici depuis 1997, après des siècles de voyage aux quatre coins de la ville, et divisé en six espaces : un jardin urbain partagé, un échantillon de végétation locale, une serre méditerranéenne ou encore un jardin aquatique. Ce dernier est l'un de nos endroits préférés. En plus de poissons, il accueille un parterre de nymphéas.

Esplanade Linné • www.jardin-botanique-bordeaux.fr • Été : 8h-20h; hiver : 8h-18h • Serres et salles d'expositions : mar.-dim. 11h-18h; fermé certains j. fériés • Jardin : entrée libre; entrée serres : 4 €.

4 Parc aux Angéliques✦✦

À Bordeaux, aux beaux jours, pour faire une pause allongé dans l'herbe le long de la Garonne, il y a deux écoles : les inconditionnels de l'ambiance animée du quai Louis-VIII (p. 142) et les aficionados du quai des Queyries, dans le parc aux Angéliques, plus calme mais non moins dynamique. Le festival Relache (p. 218) aime y faire escale en saison, les joueurs de Mölkky y croisent les adeptes du yoga et les familles en plein pique-nique. Les joggeurs apprécieront le chemin ombragé qui leur est consacré. Le parc, qui porte le nom de cette plante omniprésente, s'est progressivement étendu jusqu'au pont Jacques-Chaban-Delmas, un vrai projet de développement durable puisque de nombreuses espèces végétales y ont été réimplantées.

Quai des Queyries et quai de Brazza.

Pause avec vue : L'Estacade

Ce très joli restaurant sur pilotis (ambiance bois, verre, zinc) possède une terrasse époustouflante sur la Garonne, située face aux quais de Bordeaux. La vue sur la ville y est sublime, surtout au coucher du soleil ! La carte met l'accent sur les produits de la mer : huîtres du cap Ferret et du bassin d'Arcachon, caviar d'Aquitaine, pavé de morue fraîche avec frites de panisses et aïoli; sans pour autant délaisser la viande – les escalopes de foie frais de canard aux framboises, navets boulets d'or confits sont un régal !

88 *33, quai des Queyries • ☎05 57 54 02 50 • www.estacade-restaurant.com • T.l.j. 12h-14h et 19h30-23h • Pavé de morue : 25 €; escalopes de foie de canard : 26 €.*

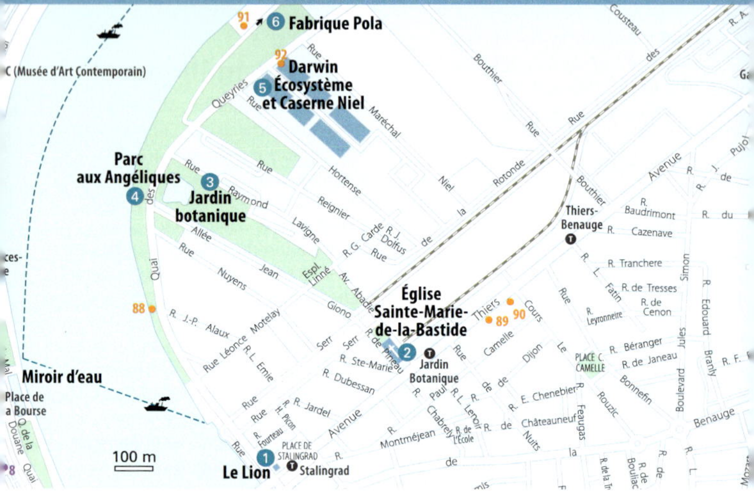

❺ Darwin Écosystème et Caserne Niel✦✦✦

Vous êtes ici en plein XXIe s. ! Les graffs ont remplacé les mascarons, et on cherche avant tout à construire l'histoire plutôt qu'à vous la conter. Entre économie collaborative, innovation, *street art* et développement durable, à mi-chemin entre un espace de travail et de détente, soyez bienvenu dans le Bordeaux Nouveau !

Un projet de société

Dans une société où le gaspillage et la surconsommation ambiants mettent en danger la planète, on se souvient des fondements de la pensée de Darwin : seuls ceux qui s'adaptent évoluent. Darwin Écosystème fut un double projet pour son fondateur Philippe Barre : la réhabilitation d'anciens magasins généraux militaires et de la caserne Niel, en friche sur la rive droite depuis leur abandon en 2005. Avec en parallèle l'idée de redonner son dynamisme au quartier Brazza, et l'ambition d'un nouveau modèle économique où l'on ne consomme plus jalousement dans son coin, mais ensemble. La mutualisation des moyens est vue ici comme un enrichissement.

Le visage du Bordeaux Nouveau

L'art et les manières de l'écosystème vous sauteront aux yeux. Vous ne regretterez pas d'avoir traversé la Garonne pour lui ! Plus de 3 ha sont ici voués à travailler et consommer autrement, dans une ambiance décalée où est préservé l'esprit *street art* qui avait investi les bâtiments désaffectés. Espace totalement débridé, à la fois vintage et tourné vers l'avenir, vous y croiserez toutes sortes de profils dès vos premiers pas. Familles sirotant une limonade bio pendant que le petit dernier s'éclate au skate park, coworkers et entreprises installés dans des étages où les espaces de travail sont totalement décloisonnés, adeptes du développement durable venus faire leurs emplettes sans emballage au Magasin Général, Bordelais recyclant leurs déchets, amis dégustant une Darwin-Beer pendant un concert. À Darwin, on travaille, on mange, on boit, on rit, on réfléchit, on fait du sport, mais, avant tout, on fait cela ensemble !

Les activités

Accueilli par un graff représentant un immense singe, vous aurez le choix entre vous diriger sous la nef de bois contemporaine pour vous installer sur un canapé du Magasin Général, ou bien déambuler dans les différents espaces pour admirer l'art urbain. On vient aussi pour faire réparer son vélo, pour l'ambiance du skate park, pour faire du yoga au « bivouac ». On peut également profiter de l'un des nombreux événements qui y sont organisés, comme l'Océan Climax, mélangeant concerts à ciel ouvert (AIR et Selah Sue s'y sont déjà produits) et conférences-débats. Vous pourrez aussi vous restaurer au Magasin Général (voir p. 140).

87, quai des Queyries • ☏ 05 56 77 52 06 • www.darwin.camp • Activités et espaces ouv. t.l.j. 9h-18h; horaires étendus en cas d'événements; possibilité d'y boire un verre le soir en fin de sem.

Darwin Écosystème

Bordeaux sur l'eau

Croisière-dégustation : des balades commentées pour découvrir Bordeaux et devenir incollable sur son histoire, qui peuvent s'agrémenter d'une dégustation de vin. Car, oui, fleuve et commerce du vin sont intimement liés !

Bordeaux River Cruise : *https://croisiere-bordeaux.com • Tarif : balade commentée 15 €/pers., croisière dégustation 21 €/pers.*

La croisière s'amuse : de juin à fin octobre, lors d'une croisière-concert de 2h, on profite du coucher de soleil sur la Garonne autour d'une planche de tapas accompagnée d'un verre et de bon son.

Marco Polo Bordeaux : *départ à 19h du ponton d'Honneur, quai Richelieu (rive gauche ; plan I7), retour au même endroit ; possibilité de jouer les prolongations jusqu'à minuit sur le ponton Montesquieu (rive droite) • www. marcopolo-bordeaux.com • Tarif : 15 €/pers, sur résa.*

Croisière sur l'estuaire : embarquez pour une jolie balade avec escale côté Médoc ou Blaye, avant d'être redéposé sur les quais de la Garonne. Comptez la journée ou une bonne demi-journée.

Croisières Burdigala : *départ du ponton face au 7, quai de Queyries (plan D4) • ☎ 05 56 49 36 88 • www.croisieresburdigala.fr • Lun.-ven. 9h-12h30 et 14h-17h30 • Tarif : 38 €/pers., sur résa.*

6 Fabrique Pola✦

Avec la caserne Niel, elle fait partie de ces lieux de création hybrides, emblématiques de la rive droite. Créé par et pour les communautés d'artistes locaux, ce vaste hangar arty propose à la fois des équipements culturels publics, et une structuration du milieu artistique local. Vous pourrez visiter l'expo en cours ainsi que des ateliers d'artistes, et y boire un verre en été.

10, quai de Brazza • www.pola.fr • Lun.-dim. 10h-18h.

Restos | Bars | Hôtels | Shopping | Activités

Restos Bistrots

L'Oiseau Bleu

Cuisine moderne 89 Plan D3

Adresse bien connue des gastronomes et des gourmets locaux, située dans un ancien poste de police. La cuisine du chef Frédéric Lafon est inspirée, moderne, technique, avec des classiques revisités. Jolie terrasse et très belle carte des vins composée par l'épouse du chef, Sophie Lafon.

127, av. Thiers • Tram Jardin-Botanique • ☎ 05 56 81 09 39 • www.loiseaubleu.fr

• Mar.-sam. 12h-13h30 et 19h45-21h30 • Midi : formules 29 et 32 €; soir : menus 50 et 80 €.

Côté Zinc

Bistrot

90 Plan D3

L'excellent chef Frédéric Lafon propose dans son nouveau restaurant une formule bistrot le midi en semaine, des « Tapas du Chef » (fantastiques) le soir du jeudi au samedi et « Le Menu de mamie » le samedi midi (menu unique servi au plat). Une adresse conviviale dans un lieu à la décoration contemporaine où l'on sert une cuisine de qualité. À ne pas rater ! L'établissement fait aussi bar à vins et cocktails.

129, av. Thiers • Tram Jardin-Botanique ou Thiers-Benauge • 05 35 38 33 48 • www.cotezinc.fr • Mar. 12h-14h, mer.-sam. 12h-14h et 18h30-22h • Menus 17 ou 19 €.

La Guinguette Chez Alriq

Guinguette

91 Plan D3

Dans le parc aux Angéliques (juste en face de Darwin) et bénéficiant d'une vue exceptionnelle sur les façades de la rive gauche, la Guinguette est un lieu idéal pour prendre l'apéro et déguster charcuterie, huîtres ou fromages, mais on peut également s'y restaurer de manière plus substantielle. On y vient aussi pour écouter de la musique : programmation artistique à sensibilité world, nomade, jazz manouche.

Z.A. quai des Queyries, Port Bastide • Tram Stalingrad • 05 56 86 58 49 • www.laguinguettechezalriq.com • Mai et sept. : jeu.-sam. 19h-1h, dim. 12h-20h; juin-août : mer.-sam. 19h-1h, dim. 12h-21h

La Guinguette Chez Alriq

• Moules-frites 14 €; émincé de bœuf thaï 12 € • Entrée pour les concerts 6-8 €.

Magasin Général Darwin

Locavore 92 Plan D3

Lieu préféré des *hipsters* locaux, Darwin est un concept urbain dédié à l'économie alternative (p. 136). Au cœur de cet ensemble, le Magasin Général est une sorte de bistrot-cantine qui met à l'honneur les produits locaux, les offres écoresponsables et la lutte contre le gaspillage alimentaire.

87, quai des Queyries • Tram Thiers-Benauge • ☏ 05 56 77 88 35 • www.magasingeneral.camp • Lun.-dim. 8h-20h • Restauration : service 12h-14h30.

Paradoxe

Gastronomie 93 HP par F2

Respect des saisons, respect des produits, respect du terroir, tout chez Christophe Girardot est authentique. Il propose une cuisine généreuse, technique, gourmande qui laissera vos papilles en émoi. On retrouve toute sa sensibilité dans ses plats. Une cuisine basée sur l'émotion et l'émerveillement. Un grand moment de plaisir.

9, allée de la Morlette • Tram La Morlette • ☏ 05 57 80 24 25 • www.restaurant-paradoxe.com • Mar.-sam. 12h-13h45 et 20h-21h30 • Midi : 28 € (2 plats) et 32 € (3 plats); soir : 65 € (5 plats) et 85 € (6 plats).

Hôtels B&B

Hôtel des Voyageurs

Hôtel cosy Plan D4

Situé juste de l'autre côté du pont de Pierre, cet hôtel à l'ambiance cosy et familiale présente un excellent rapport qualité/prix.

3, av. Thiers • Tram Stalingrad • ☏ 05 56 86 18 00 • www.hotel-voyageurs-bordeaux.com • Chambres : à partir de 92 €; petit déj. 10 €.

Activités Détente

Kayak sur la Garonne

La Garonne n'est pas un long fleuve tranquille, il est néanmoins possible de s'y frotter le temps d'une virée en kayak, encadré par un moniteur diplômé d'État, pour découvrir Bordeaux depuis ses eaux (départ en fin de marée montante). Après avoir bien pagayé, faites une pause dans l'un des transats posés sur la plage des **Chantiers de la Garonne**, ancien hangar de bateaux réhabilité en havre de bonnes ondes pour prendre un verre ou déjeuner avec vue sur le fleuve.

Les Marins du port de la Lune – Bordeaux Canoé : *21, parc d'Activités des Queyries • ☏ 06 50 46 10 23 • www.bordeauxcanoe.com • Conditions physiques requises : savoir nager et s'immerger ; à partir de 10 ans • Tarif : 30 € pour 1h30.*

LE MEILLEUR DE LA VENTE À EMPORTER

Si vous ne pouvez pas aller au resto ou êtes fan de l'option *take away,* voici une sélection de nos adresses préférées de vente à emporter. Toutes sont gourmandes, qu'elles fassent de la cuisine française ou de la cuisine du monde. Ne reste qu'à trouver l'endroit parfait pour vous régaler!

Gustave

Fufu

Envie de porc *tonkatsu*, de *yakisoba*, bref de *street food* japonaise? C'est là qu'il vous faut aller.

Voir p. 46, quartier 2, Saint-Pierre.

Massa

Fans de cuisine orientale, de houmous et de pains pitas, ce lieu est fait pour vous! Les produits y sont de qualité.

Voir p. 65, quartier 3, Saint-Éloi et Saint-Paul.

Fabrique By Oliver

Leurs galettes au levain faites maison et garnies de produits frais sont parfaites pour être emportées.

Voir p. 109, quartier 8, Le Jardin public et Saint-Seurin.

Gustave

Tout est frais, bon et bien sûr fait sur place. Au choix, cuisine française ou du monde, avec une option végétarienne.

Voir p. 109, quartier 8, Le Jardin public et Saint-Seurin.

À PIED OU À VÉLO LE LONG DES QUAIS

La piste cyclable et piétonne qui permet de circuler du pont Jacques-Chaban-Delmas au pont de Pierre, sur la rive gauche comme sur la rive droite, donne en 10 km un aperçu de toutes les facettes de la ville. Depuis que les défilés de klaxons ont quitté le centre-ville, Bordeaux a retrouvé une atmosphère sereine, propice à la promenade. Les années 2000 ont aussi vu les anciens hangars abandonnés des marins totalement réhabilités, et les quais longeant la Garonne sont devenus le paradis des joggeurs et des cyclistes du dimanche. Ils font la fierté des habitants, qui s'y retrouvent à toute heure en famille comme entre amis.

Bacalan et les Chartrons

Départ de l'itinéraire **au nord de Bordeaux, quai de Bacalan,** où vous ne pourrez pas louper la **Cité du Vin**. Faites un saut à **Cap Sciences,** le grand musée ludique des enfants curieux et des parents en quête d'originalité. Après, direction le **quai des Chartrons,** où l'on plonge dans l'ambiance animée et branchée du temple du commerce, le **Quai des Marques**, sans oublier le **marché des Chartrons** du dimanche matin (7h-15h) : un bon spot pour déguster des huîtres ! Les sportifs iront au **skate park** (t.l.j. 9h-21h), dont l'ambiance urbaine et bon enfant mérite un arrêt.

Les grands classiques

En vous dirigeant vers les Quinconces **(quai Louis-XVIII),** vous admirerez la façade classique de la **Bourse maritime** (place Lainé). Posez-vous sur les vastes étendues d'herbe ombragées pour savourer l'instant. Vers Saint-Pierre et Saint-Éloi (quai du Maréchal-Lyautey, quai de la Douane et quai Richelieu), le **jardin des Lumières** propose deux ambiances à savourer : le jour, on profite des couleurs des 33 000 plantes de chaque côté du **Miroir d'eau** ; la nuit, on flâne sous l'éclairage des lampadaires bicolores de la promenade. La **place de la Bourse** est l'occasion d'une pause fraîcheur bienvenue en été. C'est dans cette zone que l'on prendra le BatCub si l'ont est à pied et que l'on veut rejoindre la rive droite via les eaux. Plus loin, sur la place Bir-Hakeim, dans l'alignement du **pont de Pierre** et du cours Victor-Hugo, la **porte de Bourgogne** se dresse à l'emplacement de l'ancienne porte médiévale des Salinières.

La rive droite

Traversez le **pont de Pierre** et ses arches iconiques pour rejoindre la **place Stalingrad**, où trône sa majesté ***Le Lion* de Xavier Veilhan.** Poursuivez votre promenade en remontant le quai des Queyries rive droite. Vous apprécierez la douceur du **parc aux Angéliques**, la vue grandiose sur le port de la Lune, et l'esprit guinguette moderne (d'aucuns diraient *hipster*) des **terrasses donnant sur le fleuve** qui jalonnent le parcours : L'Estacade, la Guinguette chez Alriq, Les Chantiers de la Garonne... En face de ces derniers, arrêtez-vous à **Darwin Écosystème** pour prendre la mesure de l'innovation et du dynamisme du quartier. En pleine mutation, cette rive s'est éveillée tardivement mais est désormais elle aussi appréciée des Bordelais. Enfin, remontez vers le **pont Jacques-Chaban-Delmas** – inauguré en 2013 et devenu depuis un symbole de Bordeaux. À vélo, il vous restera un dernier effort à fournir pour vous hisser sur le pont (ça grimpe !) et revenir à la case départ.

Quai de Bacalan

Pour louer des vélos en libre-service, voir p. 208

Le port de la Lune brille à nouveau

La vocation première des hangars était évidemment commerciale. Lorsque, au XXe s., les navires de marchandises se firent plus rares, le port de la Lune (appelé ainsi en raison de sa forme en croissant) perdit peu à peu de son éclat. Sombres, malfamées, la Garonne et ses berges n'avaient plus bonne réputation. Le conte qui commença si bien entre Bordeaux et son fleuve aurait pu mal se terminer si un projet de la municipalité, à la fin du XXe s., n'avait eu pour ambition de les réconcilier. Rendus aux Bordelais, nettoyés afin de redonner à la pierre sa blondeur d'origine, les quais réhabilités ont désenclavé la ville et sont désormais le temple du bon vivre, retrouvant ainsi une nouvelle effervescence. En 2007, le port de la Lune fut même classé au patrimoine mondial par l'Unesco.

DU SACRÉ-CŒUR À SAINTE-CROIX

12

Les voies de transports sont souvent à l'origine des changements urbains. Depuis l'arrivée de la ligne de train à grande vitesse, le quartier Belcier est en pleine mutation. Malgré tout, autour de la gare Saint-Jean, l'ambiance singulière d'un vieux faubourg populaire et artisan demeure : c'est le quartier Sainte-Croix, le Bordeaux arty où se croisent les artistes du Théâtre national et les étudiants du conservatoire de musique. On y admire de très jolies échoppes, tandis que la toponymie des rues (des Fours, des Bouviers...) évoque le passé artisan et commercial de ce vieux faubourg.

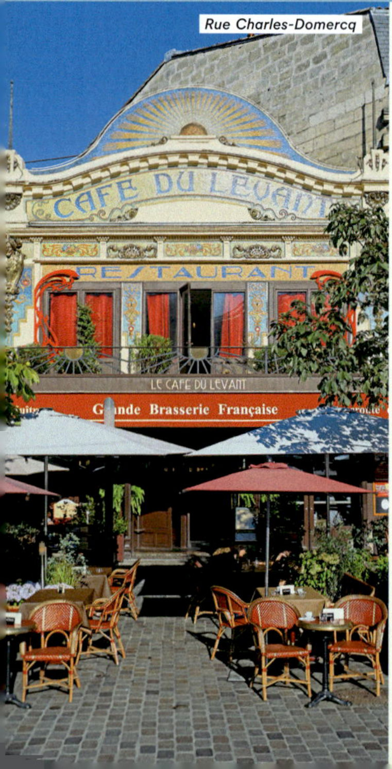

Rue Charles-Domercq

1 Rue Charles-Domercq✦

Côté Art nouveau, au nº 25, la façade du Café du Levant, aux couleurs vives et à l'accent oriental, est l'une des premières images surprenantes de Bordeaux à la descente du train. Pour passer au style Arts déco, direction l'ancien centre de tri postal construit en 1929 (nº 2 bis), un modèle du genre.

2 MÉCA✦✦

C'est ici qu'il faut venir pour prendre le pouls de la création contemporaine à Bordeaux. Sur la rive gauche de la Garonne s'élève une silhouette de béton, tout en diagonales et lignes brisées formant la lettre M. M comme MÉCA ou Maison de l'économie créative et de la culture de Nouvelle-Aquitaine, qui héberge les agences culturelles de la région dédiées à la création. Le **FRAC** (Fonds régional d'art contemporain) a également établi ses quartiers dans ces anciens abattoirs de Bordeaux, et ouvre ses portes au public lors d'expositions. Des ateliers sont aussi organisés les samedis, allez jeter un œil sur leur site pour le programme. Enfin, la MÉCA, c'est un espace de promenade e,xtérieure, un café-restaurant et une terrasse offrant sûrement l'un des plus beaux panoramas sur Bordeaux.

Parvis Corto-Maltese, 87, quai de Paludate • ☏05 57 80 88 47 • www.la-meca.com • Mar-sam. 13h-18h, 1er dim. du mois 13h-18h, 3e jeu. du mois jusqu'à 21h • Accès libre • Visite guidée possible : t.l.j. sur rdv.

Frac : *5, parvis Corto-Maltese • ☏05 56 24 71 36 • www.fracnouvelleaquitaine.meca.fr • Mar.-sam. 13h-18h, 1er dim. du mois 13h-18h • Entrée : contribution libre (min 2 €; gratuit 1er dim. du mois).*

3 Passerelle Eiffel✦✦

Elle permet, depuis 1860, de relier la gare d'Orléans (rive droite) à la gare Saint-Jean. Aujourd'hui restaurée et classée Monument historique, elle vit à l'époque le jeune Gustave, 26 ans, faire ses premières armes comme conducteur de travaux. À côté, les anciens abattoirs seront prochainement réhabilités en lieu culturel (l'occasion de revenir un autre week-end!).

4 Place Renaudel et église Sainte-Croix✦✦

On aime se poser en terrasse sur cette place, la vue sur l'abbatiale Sainte-Croix y est imprenable. Des concerts s'y tiennent en été, dans l'ambiance détendue de ce quartier en pleine effervescence culturelle. Quant à l'abbatiale, elle

Pause food court : La Boca

La Boca Food Court est un lieu animé et vivant, façon marché couvert, comportant une douzaine de restaurants, un bar à cocktails et un bar à vins. Il suffit de choisir ce que vous voulez manger dans l'un des corners et de vous installer pour déjeuner sur place, sur les grandes tables d'hôtes. Cuisine traditionnelle, burgers, tapas et *pintxos,* cuisine italienne, mexicaine… il y en a pour tous les goûts (et les becs sucrés y retrouveront les fameuses Dunes Blanches, voir p. 10 et 202). Ambiance jeune, branchée, animations ponctuelles : un bon endroit où déjeuner dans ce quartier, à deux pas de la MÉCA.

94 ***208, quai de Paludate • Mar.-mer. 11h-15h et 18h-23h, jeu.-ven. 11h-15h et 18h-minuit, sam. 11h-minuit, dim. 11h-22h.***

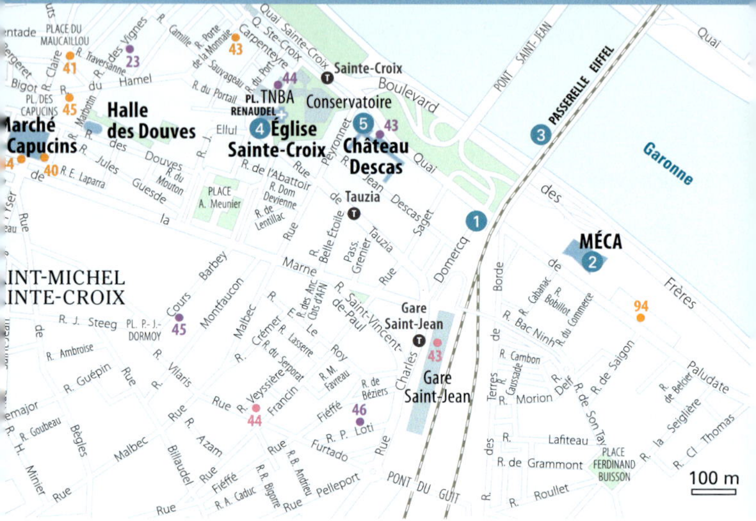

est somptueuse. Le détail à ne pas manquer : la représentation des péchés capitaux qu'illustrent portes, voûtes et façades. Sur l'arcade du portail principal, la luxure est représentée sur des bas-reliefs par des femmes en pleins ébats, des serpents accrochés à la poitrine.

05 56 94 30 50 • Horaires variables • Fermé 1er janv.

5 Château Descas**

En balade quai de Paludate, vous vous demanderez forcément quel est ce bâtiment qui se distingue de ses voisins par son style et sa hauteur. Jean Descas, un homme d'affaires parti de rien, le fit construire après avoir réussi dans le vin, à la barbe de la noblesse traditionnellement lotie aux Chartrons (et qui jugea évidemment le complexe quelque peu tape-à-l'œil). En sommeil dans les années 1970, il accueillit au début des années 2000 le tout-Bordeaux qui vint s'y encanailler dans des cabarets, fermés depuis. L'une de ses ailes est à nouveau accessible au public depuis 2015 avec l'ouverture d'un bar à cocktails, le Point Rouge (p. 147); il y règne une ambiance de prohibition qui sied parfaitement aux légendes des lieux. Une école, des associations et une propriété privée occupent le reste du château.

2-3, quai de Paludate • www.descas.com

Bars, clubs Sorties

Le Point Rouge

Bar à vins et à cocktails 43 Plan D5

Ce bar séduit grâce à sa belle sélection de vins, cocktails et spiritueux, sa déco chic et son ambiance chaleureuse. La carte des cocktails égrène des boissons mythiques, représentatives de périodes historiques. Un chouette endroit pour une soirée entre amis.

1, quai de Paludate • Tram Sainte-Croix • 05 56 94 94 40 • www.pointrouge-bdx.com • Lun.-sam. 15h-2h • Cocktail 10-12 €.

TNBA

Théâtre national de Bordeaux en Aquitaine 44 Plan D5

Auteurs de théâtre contemporain ou classique, cirque et danse sont au programme de cette salle réputée et dirigée aujourd'hui par Catherine Marnas.

3, pl. Pierre-Renaudel • Tram Sainte-Croix • 05 56 33 36 80 • www.tnba.org • Billetterie mar.-ven. 13h30-19h, sam. 16h-19h sur place ou par e-mail (billetterie@tnba.org) • Programmation sur le site internet.

Rock School Barbey

Salle de concerts 45 Plan C5

À la fois école de musique, lieu d'enregistrement et salle de concerts pour musique pop rock mais pas que : également

TNBA

Baillardran

du burlesque, du rap, etc. Scène incontournable de la vie nocturne bordelaise.

18, cours Barbey • Tram Gare-Saint-Jean • 05 56 33 66 00 • www.rockschool-barbey.com • Billetterie : points de vente habituels et sur le site internet.

Escape Hunt

Bar à jeux

46 Plan D5

Dans la peau d'un Sherlock Holmes en herbe, résolvez les énigmes et réussissez à sortir de la pièce dans laquelle vous êtes enfermé par équipe de 3 à 5 dans les délais impartis (60 min). Très amusant !

5, rue Pierre-Loti • Tram Gare-Saint-Jean • 05 56 33 60 01 • www.bordeaux.escapehunt.com/fr/bordeaux • T.l.j. 10h-23h (horaires variables) • 2 joueurs 36 €/pers.; 4 joueurs 25 €/pers • Résa sur le site internet.

Shopping Cadeaux

Baillardran

Gourmandises

43 Plan D5

Les cannelés sont LA spécialité bordelaise. Réalisés à l'origine avec les jaunes d'œufs dont les blancs servaient à la vinification (pour précipiter les impuretés), ils contiennent également rhum et vanille, liés au Bordeaux maritime. Chez Baillardran, vous aurez le choix entre plusieurs tailles et plusieurs cuissons.

Gare de Bordeaux-Saint-Jean, rue Charles-Domercq • Tram Gambetta • 05 57 95 84 23 • www.baillardran.com • Lun.-sam. 5h-21h, dim. 7h-21h • D'autres adresses à Bordeaux : voir site internet.

La Cave d'Antoine

Cave à vins

44 Plan D5

Antoine Pujol-Dorey a eu envie de devenir caviste pour mettre à l'honneur des vignerons qui produisent des vins de terroir, au sens le plus noble. Dans sa cave, il vous propose plus de 150 références de toute la France, mais aussi de l'étranger, dont une grande majorité est issue de raisins de l'agriculture biologique. Accueil sympathique et excellents conseils.

26, rue Furtado • Tram Gare-Saint-Jean • 09 50 52 63 58 • www.lacavedantoine.eu • Mar.-sam. 10h-12h45 et 16h-19h30.

LES SOIRÉES LES PLUS INSOLITES

Envie d'originalité, de lieux et de concepts qui sortent de l'ordinaire et vous épateront? N'hésitez pas à pousser la porte de ces établissements : ils ont en commun d'avoir tous un petit supplément d'âme.

Utopia

Un cinéma art et essai dans une ancienne église. Vous en rêviez, ils l'ont fait!

Voir p. 43 et 52, quartier 2, Saint-Pierre.

CanCan « Coquetels & Flonflons »

Entrez sous l'enseigne d'une librairie anglaise et poussez la porte de la cabine téléphonique : ça y est, vous y êtes!

Voir p. 52, quartier 2, Saint-Pierre.

Jeux Barjo

Pour l'incroyable choix en matière de jeux de société et l'ambiance très bon enfant.

Voir p. 67, quartier 3, Saint-Éloi et Saint-Paul.

Le Symbiose

Entrez dans la salle du restaurant et glissez-vous derrière la grosse horloge du fond. Vous découvrirez un nouveau lieu…

Voir p. 119, quartier 9, Les Chartrons.

Escape Hunt

Fans de Sherlock Holmes, ne manquez pas cet escape game aux décors et aux déguisements soignés.

Voir p. 148, quartier 12, Du Sacré-Cœur à Sainte-Croix

Utopia

SAINT-ÉMILION ET SON VIGNOBLE

13

À entendre son nom cité partout quand il s'agit de vignoble, on pourrait croire sa réputation surfaite ; mais croyez-nous, la belle médiévale ne déçoit pas. Ce lieu que choisit pour une retraite un moine du VIIIe s, Émilion, s'est développé grâce au commerce du vin dès le Moyen Âge. Le prestige de la cité et de son vignoble n'a cessé de croître depuis. Au programme dans le premier vignoble distingué par l'Unesco en 1999 : des monuments et des panoramas à couper le souffle, une balade au milieu des vignes, de grands châteaux traditionnels et des chais contemporains.

La cité entourée de ses vignes

1 Porte Brunet et remparts⁺⁺

Pour être plongé en douceur dans l'ambiance médiévale, nous vous recommandons d'arriver par ce côté de la ville (sud-est) plutôt que par la place Bourgeoise. Savourez la vue sur les vignes depuis la porte Brunet et les derniers remparts de la cité. Les abords de Saint-Émilion ont gardé l'empreinte des murailles et les vestiges d'anciens bâtiments : le Palais cardinal, le couvent des Ursulines… Ensuite vous parviendrez aux monuments par un dédale de ruelles où maisonnées et jardins ont conservé un esprit village très champêtre, malgré l'afflux de visiteurs, de cavistes et de boutiques de déco.

2 Église monolithe⁺⁺⁺

L'incontournable de votre virée ! Cette impressionnante église

Église monolithe

du XIIe s. a été creusée dans la roche, à flanc de colline, sur 38 m de long et 12 m de haut : c'est l'église souterraine la plus vaste d'Europe. Elle a été bâtie par les moines bénédictins pour accueillir les reliques de saint Émilion. À l'extérieur, admirez les fines sculptures décorant le portail. Pour ce qui est de l'intérieur, seul un guide vous y fera entrer, le lieu est privé et très fragile. Pour une vue imprenable sur le village et le vignoble, grimpez les presque 200 marches du clocher gothique de 68 m. Si vous n'avez pas le courage, il y a sur la place du clocher un parapet sur lequel monter et qui offre l'une des vues les plus prisées des visiteurs. La visite guidée de l'église mène également à la **grotte de l'Ermitage,** à quelques dizaines de mètres de là, où le moine Émilion est venu en ermite. C'était un haut lieu de pèlerinage au Moyen Âge ; on y trouve un « siège de la

Conseil de visite

Deux façons de découvrir le village sont à combiner dans votre programme : la visite guidée des monuments et le plaisir de déambuler au hasard des ruelles pavées et sinueuses, de tertres en escalettes, afin de débusquer galeries d'art, boutiques de déco, bonnes tables et cavistes. L'essentiel peut se faire en une matinée – en prévoyant au moins 1h pour vous perdre intra-muros –, avant de prendre la direction du vignoble, que ce soit à pied ou en voiture.

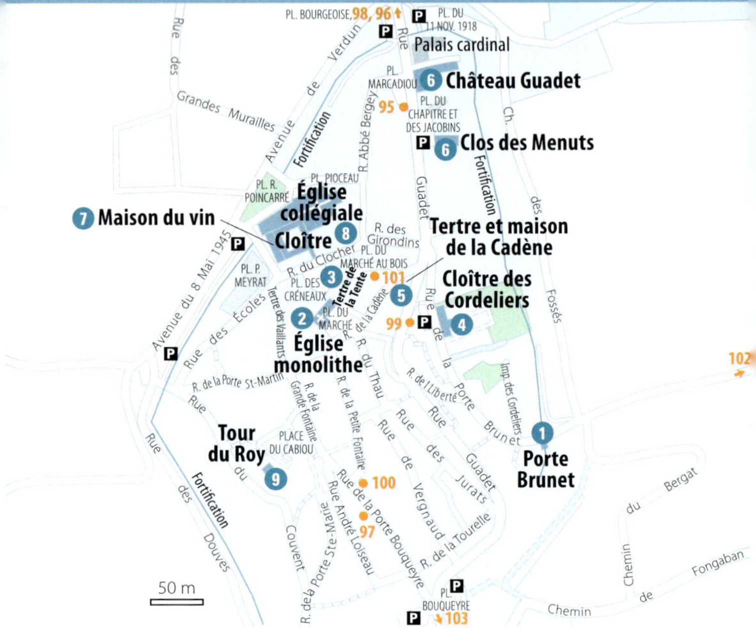

fertilité », et l'office de tourisme reçoit régulièrement des faire-part de naissance d'enfants qui auraient été conçus suite aux secondes passées sur le bout de pierre.

Pl. du Marché

Église : *fév.-nov. : t.l.j.; déc.-janv. : mar.-dim.*
• Résa sur www.saint-emilion-tourisme.com
• Entrée : 9 € • Départ de la visite devant l'office de tourisme.

Clocher : *mêmes horaires d'ouverture que l'office de tourisme (pl. des Créneaux). Entrée : 2 €.*

3 Tertre de la Tente✦✦

C'est la rue la plus emblématique de la cité, qui vous conduira à la partie basse, enchaînant en quelques dizaines de mètres les boutiques de déco et les adresses gourmandes. Attention, la pente est raide et la pierre, polie par des siècles de passage, très glissante. En la suivant, vous parviendrez à la deuxième place touristique de la ville, celle du marché. Si cette rue typique vous a plu, direction le **tertre des Vaillants**, semblable.

4 Cloître des Cordeliers✦✦✦

L'un de nos endroits préférés. Au beau milieu des ruines de

Cloître des Cordeliers

cet ancien couvent fondé par les franciscains à la fin du XIVe s., chaises et tables ont été installées dans le jardin afin que vous y dégustiez un verre de crémant bien frais et un panier de pique-nique 100 % terroir, tout en profitant du charme de la vieille pierre. Ne passez pas à côté de la visite du dédale de souterrains à 20 m sous terre, où est produit le crémant. La méthode

Pause macarons : Nadia Fermigier

Nadia Fermigier a pris la suite de Mme Blanchez et, grâce à elle, la recette originale de ces macarons datant de 1620 perdure, pour notre plus grand plaisir. Comment ne pas succomber à ces douceurs au bon goût d'amande ? À offrir ou à déguster sur-le-champ, en se promenant dans les ruelles de la cité médiévale.

95 *9, rue Guadet • 05 57 24 72 33 • www.macarons-saint-emilion.fr • Juin-oct. : lun.-sam. 8h-19h30, dim. 9h-19h30; nov.-mai : lun.-sam. 8h-19h, dim. 9h-19h • 10 € les 24 macarons.*

Vignoble de Saint-Émilion

traditionnelle de sa fabrication est passionnante et change un peu de celle du vin classique.

2 bis, rue de la Porte-Brunet • 05 57 24 42 13 • www.lescordeliers.com • Déc.-mars : hors vac. scol. • Accès libre sf aux caves • Boutique : t.l.j. 11h-19h.

Visite guidée des caves : *avr.-début nov. et juil.-août : t.l.j. à 17h en anglais • Entrée : 11 €.*

Visite guidée en tuk-tuk électrique : *mai-nov. : t.l.j. ttes les heures en français et en anglais • Entrée : 20 €*

5 Tertre et Maison de la Cadène✦

Le tertre de la Cadène est ravissant pour le visiteur d'aujourd'hui, mais au Moyen Âge, ces ruelles pentues séparaient les deux niveaux de la ville (ville haute et ville basse) ; la morphologie sociale de Saint-Émilion avait fini par répondre à sa géographie : les riches en haut, les pauvres en bas. Une **porte** qui séparait les deux étages est toujours visible. Ne ratez pas les décors en façade de la seule bâtisse ornée de bois du village, et située exactement entre les deux étages, la **maison de la Cadène :** requins et autres dangereux animaux sculptés étaient pour le propriétaire un moyen de repousser la vindicte populaire…

Rue de la Cadène.

6 Caves et souterrains intra-muros✦✦

Pour un accès aux souterrains de la ville, nés de l'extraction de la pierre calcaire, et pour une dégustation, plusieurs propriétés intra-muros ouvrent les portes de leur cave, tels le **Clos des Menuts** ou le **château Guadet**. L'offre est on ne peut plus complète dans ce dernier, où vous pourrez vous restaurer, vous balader dans les grottes et participer à un atelier dégustation.

Clos des Menuts : *3, pl. du Chapitre • 05 57 74 45 77 • www.clos-des-menuts.com • Dégustation gratuite t.l.j. sans rdv.*

Château Guadet : *4, rue Guadet • 05 57 74 40 04 • www.chateaugadet.fr • T.l.j. 10h-18h sur rdv • Visite-dégustation 15 €.*

7 Maison du Vin✦

La Maison du vin sera pour vous une première étape avant une immersion totale dans le vignoble. Vous y trouverez une exposition de photos sur le métier de viticulteur et une table des senteurs, très ludique, qui initie aux arômes du vin.

1, pl. Pierre-Meyrat • 05 57 55 50 55 • www.maisonduvinsaintemilion.com • Nov.-mars : t.l.j. 10h-12h30 et 14h-18h ; avr.-juin et sept.-oct. : t.l.j. 9h30-12h30 et 14h-18h30 ; juil.-août : t.l.j. 9h30-19h • Accès libre.

8 Cloître de l'église collégiale✦✦

Cette église fut intégrée aux remparts, ce qui lui vaut une petite asymétrie. À l'intérieur, des détails byzantins, fruit des récits rapportés par les marins. Son cloître superbement préservé accueille aujourd'hui expositions, marchés gourmands et visiteurs en quête d'un peu de fraîcheur.

Pl. Pierre-Meyrat.

9 Tour du Roy✦✦

Il se repère de loin, ce monument rectangulaire de style roman. Pour arriver au sommet et profiter de la vue, il vous faudra gravir ses 130 marches. Le mystère demeure autour de l'origine de ce donjon datant du XIIe ou du XIIIe s. : fut-il commandé par le roi Louis VIII de France ou Henry III d'Angleterre ? Les historiens évoquent également la possibilité que les habitants de Saint-Émilion eux-mêmes aient pris l'initiative de bâtir ce donjon, à l'époque où les jurats jouissaient d'une liberté politique inédite. Les abords de la tours sont aussi pleins de charme (escaliers, petits jardins).

Rue du Château-du-Roy • Fév.-déc., horaires sur www.saint-emiliontourisme.com • Entrée : 2 €.

Cour des Arts

Restos Bistrots

Château Soutard

Pique-nique

96 Hors plan p. 152

Une idée originale proposée par le prestigieux château Soutard que celle de ce pique-nique. Un repas aux accents champêtres, servi dans un joli panier, vous est concocté par le chef de la maison.

Lieu-dit Soutard • 05 57 24 71 41 • T.l.j. en fonction de la météo • Panier pique-nique 32 €/pers. • Résa impérative 48h avt.

L'Huîtrier-Pie

Traditionnel 97 Plan p. 152

Ne vous laissez pas arrêter par le nom, ce restaurant ne propose pas que des huîtres ! Dans la très belle bâtisse du XIVe s., on déguste la cuisine raffinée du chef David Abt. Le bon accueil et la jolie terrasse ne gâchent rien.

11, rue de la Porte-Bouqueyre • 05 57 24 69 71 • www.lhuitrier-pie.net • Lun. et jeu.-sam. (avr.-sept. t.l.j.) 12h-14h30 et 19h15-21h30 • Midi en sem. : menus 30 et 36 €; soir : menus 54-120 €.

Infos Covid-19 ⚠

Compte tenu du contexte sanitaire, de nombreuses adresses sont amenées à restreindre leur ouverture et à s'adapter à la situation. Nous vous recommandons de vérifier leurs horaires sur leur site internet ou leur page Facebook.

La Terrasse Rouge

Cuisine du terroir

98 Hors plan p. 152

Le restaurant du château La Dominique vous émerveillera par sa terrasse panoramique rouge, réalisée par Jean Nouvel. Surplombant le vignoble, elle offre une vue à couper le souffle. Côté assiettes, les produits de saison et du terroir sont à l'honneur.

1, lieu-dit La Dominique • 05 57 24 47 05 • www.laterrasserouge.com • Dim.-lun. 12h-14h30, mer.-sam. 12h-14h30 et 19h30-21h30; fermé janv. • Menu du marché en sem. 28 €; menu gourmand (t.l.j. midi et soir) 39 €.

La Table 38

Traditionnel 99 Plan p. 152

À la carte de ce petit restaurant situé au cœur de la cité médiévale, on trouve de bons produits locaux : assiettes de charcuterie fine ou de fromages affinés et foie gras du Sud-Ouest sont complétés de desserts de saison.

38, rue Guadet • 05 57 74 42 72 • www.latable38-restaurant.com • Mer.-dim. 12h-14h30 et 19h-21h30 • Plats 15-20 €.

Logis de la Cadène

Les Délices du Roy

Cuisine du terroir 100 Plan p. 152

Cuisine du terroir (entrecôte, magret de canard, assiette de fromages affinés) et vins au verre sont au menu. Produits frais et de qualité. Ne ratez pas le hamburger de canard.

1, rue de la Porte-Bouqueyre • 05 57 51 95 68 • www.lesdelicesduroy.fr • Mar.-sam. 12h-15h et 19h-21h30, dim. 12h-15h • Plats 17,50-26,50 €.

Logis de la Cadène

Traditionnel 101 Plan p. 152

Cette institution locale est située sur une petite place en plein cœur de la cité médiévale. La décoration y est extrêmement soignée et accueil chaleureux. Hôtel superbe et restaurant qui plaira aux gourmets grâce à sa cuisine raffinée, créative et élégante. Très belle carte des vins, comme il se doit.

3, pl. du Marché-au-Bois • 05 57 24 71 40 • www.logisdelacadene.fr • Mar.-sam. 12h-13h45 et 19h30-21h30 • Midi en sem. : menu du marché 44 €; midi et soir : menu découverte 85 €; menu signature 75 €; menu inspiration 105 €.

Les Belles Perdrix de Troplong Mondot

Gastronomie

102 Hors plan p. 152

Table gastronomique réputée et récompensée. Vous vous régalerez avec une cuisine créative, soignée et élégante. En été, la terrasse surplombant la région est un havre de paix.

Château Troplong Mondot • 05 57 55 32 05 • www.chateau-troplong-mondot.com • Jeu.-lun. (f. lun. soir en hiver) • Menus 48 € (midi) et 78-135 € (soir).

L'Atelier de Candale

Cuisine moderne

103 Hors plan p. 152

Situé à 5 km de Saint-Émilion, le château de Candale présente une belle offre de restauration dans un cadre superbe, en plein cœur des vignes. La cuisine est moderne et créative, le service et l'accueil sont excellents.

1, allée Grandes-Plantes, 33830 Saint-Laurent-des-Combes • 05 57 24 15 45 • www.chateau-de-candale.fr • Mar.-sam. 10h-22h, dim.-lun. 10h-14h • Menus du marché 28 € (midi) et 38 € (soir); plats 22-34 €.

Hôtels B&B

Château de Bonhoste

Chambres insolites

Un foudre, en langage vinicole, est une sorte de tonneau doté d'une très grande capacité. L'expert en tonnellerie Seguin Moreau a créé des hébergements aménagés dans deux d'entre eux. Osez passez la nuit dans l'un d'eux, pour une expérience aussi insolite qu'inoubliable.

33420 Saint-Jean-de-Blaignac • 05 57 84 12 18 • www.chateaudebonhoste.com • À partir de 145 €.

Chambres d'Ovaline

Chambres d'hôtes

À quelques minutes du centre-ville de Saint-Émilion, non loin du château Ausone, les chambres d'Ovaline vous séduiront par leur charme et leur décoration soignée. Le petit déjeuner est servi sur la terrasse.

2, pl. Bouqueyre • 06 60 42 70 69 • www.chambres-ovaline.com • Chambres 80-145 €, petit déj inclus.

Activités Détente

Jeu de piste en famille

À Saint-Émilion, le vin, ce n'est pas que pour les grands ! Le **château du Pas de l'Âne** propose deux idées originales pour apprendre en famille en s'amusant : un escape game ainsi qu'un jeu de piste pour œno-détectives. Il faudra réunir des indices, résoudre des énigmes, ouvrir des coffres-forts avec en toile de fond la découverte du travail de la vigne et du vin. Une fois l'enquête résolue, les détectives se retrouvent autour d'une dégustation : vin pour les adultes, chocolats et sirops pour les enfants. Le château propose également un escape game pour les familles.

Château du Pas de l'Âne : *lieu-dit Le Cros • Résa sur www.oenanim.fr • Tarifs : jeu de piste 1h 8 €/pers.; escape game 1h15 15 €/pers. • À partir de 7 ans.*

Galeries d'art et artisans

Les galeries ajoutent vraiment au charme d'une promenade dans Saint-Émilion. Piochez parmi notre sélection, qui allie qualité des œuvres et charme du lieu : le Passage de la Cadène, où sont exposées peintures, sculptures et émaux; la Halle du Marché, où vous dénicherez de beaux bijoux au rez-de-chaussée et pourrez voir une exposition à l'étage, sous les arcades qui elles-mêmes valent le coup d'œil; enfin, la Cour des Arts, verdoyante et mignonne comme tout, idéale pour trouver bijoux, artistes et artisanat local.

Passage de la Cadène : *9, rue de la Cadène • www.lepassagedelacadene.com • Mer.-dim. 11h-13h et 14h-19h (18h en hiver) ; les jours de fermeture varient, appeler avant de vous déplacer.*

Cour des Arts : *2, rue de la Grande-Fontaine.*

Rando-tapas dans les vignes

Natalie est, avec son mari Jérôme, à la tête du **château Boutinet** depuis 2011. Elle vous guide avec passion pour une balade à travers le vignoble suivie d'une dégustation, mais également pour une rando-tapas : les tapas, préparés par Jérôme et accompagnés d'une dégustation de trois vins, se savourent à l'issue de la balade.

Château Boutinet : *1 436, route des Palombes, Villegouge• ✆06 85 79 56 96 • www.chateauboutinet.fr • Balade 2h avec dégustation 15 €; rando-tapas 3h 25 €.*

Balade en tuk-tuk

Montez à bord d'un tuk-tuk 100% électrique pour une virée au cœur de la cité médiévale de Saint-Émilion et de son vignoble, mais aussi au cloître des Cordeliers.

Tuk Tour Events : *• ✆06 40 83 62 60 • http://tuktourevents.azurewebsites.net (horaires et résa) • À partir de 25 €/pers., moins de 12 ans 12 €.*

Virée en side-car

Ambiance *Grande vadrouille* garantie ! Au départ de Bordeaux, votre pilote viendra vous chercher pour sillonner la route des vins une demi-journée ou une journée entière durant, selon la formule choisie. Possibilité d'organiser un tour sur mesure en fonction de vos envies (pique-nique dans les vignes, dégustation dans un château...). Une folie à s'offrir.

Rétro Tour : *✆05 35 54 38 43 • www.retro-tour.com • À partir de 320 €.*

BALADE DANS LES VIGNES

Voici un itinéraire offrant de beaux points de vue sur la cité médiévale et les vignobles de Saint-Émilion. Sans aucune difficulté, il se prête parfaitement à une balade en famille ou entre amis. À faire de préférence au début de l'automne, durant les vendanges, pour profiter de ce moment clé de la vie du vignoble.

De craies et de caves

Le sentier démarre en longeant les anciennes carrières. Saint-Émilion repose sur près de 80 ha de galeries souterraines qui, du Moyen Âge jusqu'au XVIIIe s., furent exploitées pour extraire des blocs de calcaire. Puis elles servirent de champignonnières jusque dans les années 1950. Aujourd'hui, une quinzaine de châteaux les utilisent comme caves.

Légendes d'Ausone

Poursuivez tout droit par la ruelle de la Porte-Sainte-Marie, puis à gauche jusqu'au pilier gravé « Ausone ». Prenez à droite vers l'entrée du château Ausone : un nom qui rime avec le poète bordelais du IVe s. Decimus Magnus Ausonius, mais surtout avec les plus grands nectars ! Empruntez le petit chemin à droite du château jusqu'au retour sur la route goudronnée. Au stop, tournez à gauche vers le château Fonplégade.

L'Union des producteurs

Descendez l'allée en laissant la grille du château Fonplégade dans votre dos, tournez à droite vers Libourne, puis immédiatement à gauche, vers Petit-Gravet. Passez la voie ferrée et entrez sur la propriété de l'Union des producteurs de Saint-Émilion en suivant les balises vertes « Boucle de la Madeleine ». Le chemin continue à droite de la maison et la longe à l'arrière. Cette cave coopérative vinifie 700 ha de vignes répartis en une centaine de châteaux, pour une production de 3 millions de bouteilles par an. N'hésitez pas à pousser ses portes, car l'UDP dispose d'un lieu d'exposition et propose une visite guidée des chais avec dégustation.

INFORMATIONS PRATIQUES

- Départ et arrivée : office de tourisme de Saint-Émilion. Prenez à droite la rue des Écoles et, arrivé au bout, à droite encore par la porte Saint-Martin, avant de tourner à gauche rue des Douves.
- Durée : 1h30.
- Distance : boucle de 6 km.
- Dénivelé : aucun.
- Niveau : facile.
- Balisage : vert et jaune.

Domaine du château Ausone

Vers la colline du Tertre

Vous débouchez ensuite dans l'arrière-cour du Cellier des Gourmets. Dépassez la voie ferrée à votre droite puis tournez immédiatement à gauche dans le petit chemin qui longe les rails. Une flèche jaune vous indique de grimper la colline du tertre Daugay : depuis son sommet, la Dordogne se dévoile au loin. Suivez ensuite le chemin sur la gauche signalé d'une balise vert et jaune qui vous ramène sur la route goudronnée, et de là, la balise « Boucle de la Madeleine » sur la droite. Au virage suivant, prenez le petit chemin face à vous, tournez à droite à la balise vert et jaune, et suivez le chemin pour rejoindre le bosquet d'arbres en haut de la colline. Le paysage vallonné et couvert de vignes s'étend à perte de vue.

D'un château à l'autre

Le chemin à gauche des arbres vous ramène sur la route goudronnée, au niveau du château Berliquet. Poursuivez sur la route à droite vers la croix Gaudin et, à sa hauteur, tournez à gauche jusqu'au stop, puis prenez à droite et tournez immédiatement à gauche pour passer derrière le cimetière. Vous vous trouvez alors entre le château Beauséjour et l'église Saint-Martin-de-Mazerat. Une fois arrivé aux grilles du cimetière, suivez sur la droite les directions « Boucle de la Madeleine » et « Château Canon ». Aujourd'hui propriété de la maison Chanel, ce dernier doit son nom à Jacques Kanon, corsaire au service de Louis XV, qui décida en 1760 d'acheter une parcelle du vignoble. L'itinéraire s'achève en rejoignant le village par la petite rue encadrée de murets. ■

Et aussi...

L'office de tourisme de Saint-Émilion propose plus de 40 boucles de randonnée à thème : premiers grands crus classés, chemins de l'artisanat, vignobles bio, etc. Il met également à disposition une carte gratuite des circuits dans le vignoble incluant le passage devant des châteaux, d'une durée de 2h ou d'une journée complète. Et il loue même des vélos !

www.saint-emilion-tourisme.com
• Location de vélo 19 € (dégressif selon la durée de la location).

LE VIGNOBLE DE SAINT-ÉMILION

Explorer le vignoble de Saint-Émilion, c'est non seulement la promesse de grands noms tels Angélus, Figeac ou encore Cheval Blanc, mais aussi la découverte de sites contemporains et la rencontre avec des artisans passionnés dans des châteaux plus confidentiels. Ici, le vignoble est concentré et permet une immersion très riche sur un temps plus court que dans les autres vignobles girondins. Du centre-ville de Saint-Émilion, on peut même s'y rendre à vélo !

Un vignoble classé par l'Unesco

En 1999, l'Unesco a distingué la conservation et la richesse de ce terroir en le faisant rejoindre la liste du **Patrimoine mondial de l'humanité,** au titre de **paysage culturel.** Il fut le premier à recevoir cet honneur. Vous comprendrez vite pourquoi il récolte tant d'égards, en vous baladant de châteaux en vallons verdoyants : vieux de 2000 ans, ce vignoble est un bijou. Comme le nectar qui naît de ses sols et de l'assemblage de ses cépages, où le merlot domine, il régale et se donne en spectacle : ses **panoramas** impressionnent et il porte au nez un air pur où se mélangent la pierre calcaire, le sol terreux et le parfum sucré du raisin.

Château La Croizille

Gros coup de cœur ! De loin, « l'excroissance » orange de la propriété au style très contemporain intrigue. Mais l'étonnement est encore plus grand depuis le **belvédère :** on a tout simplement l'impression de voler au milieu des vignes ! Les **chais** sont eux aussi superbes. La **visite** est très complète car combinée à la **découverte d'une autre propriété** de la famille, attenante. Pour se rendre de l'une à l'autre, on emprunte un petit chemin surplombant la vallée et bordé d'un figuier lourd de fruits. On termine en beauté par la dégustation de trois vins.

Lieu-dit Baladoz, Saint-Laurent-des-Combes • ☎ 05 57 74 55 86 • www.chateaulacroizille.com • Avr.-oct. : t.l.j. 10h-18h ; janv.-mars : lun.-ven. 10h-18h • Visite 12 €, sur résa.

Jean Nouvel au château La Dominique

Dans le **style contemporain,** le château La Dominique est incontournable. Le talent de l'architecte **Jean Nouvel** est venu ajouter à la beauté naturelle du terroir, apportant un vent de modernité à l'image du vignoble bordelais, loin des clichés

poussiéreux ! La visite se décline comme un poème : la couleur de l'enceinte est un camaïeu de rouges, représentant les subtilités que le vin offre à la vue. Le **cuvier**, ouvert sur une large baie vitrée, se veut un « bateau naviguant sur un océan de vignes ». Le **chai** met en scène en toute élégance les barriques. Et, sur le belvédère qu'offre le restaurant de la propriété, une **piscine de galets rouges** translucides invite le visiteur à fouler aux pieds cette allégorie du raisin. Depuis cette Terrasse Rouge (p. 156), la vue panoramique sur les plus grands châteaux de l'appellation, de Cheval Blanc au clocher d'Angélus, est imprenable.

1, lieu-dit La Dominique • 05 57 24 47 05 • www.chateau-ladominique.com • Visite à partir de 25 €/pers., sur résa.

Château Soutard, le combo parfait

Il offre le charme du gros et beau **château traditionnel** que l'on attend à Saint-Émilion, tout en proposant des activités qui changent un peu (**atelier vendanges, cours de cuisine**) dans un décor moderne et élégant. L'image emblématique de son univers si particulier, c'est son chai et ses barriques lovées entre des murs noirs où se dessinent en relief vignes et fleurs. Les deux gros plus : des visites de qualité spécialement pour les enfants et la possibilité de réserver son **pique-nique pour déjeuner sur l'herbe** (p. 156).

Lieu-dit Soutard • 05 57 24 71 41 • Avr.-nov. : t.l.j. 10h-19h; en hiver sur rdv • Visite (1h) 15 €/pers. ; visite privée 30 €/ pers. sur rdv.

LES RIVES DE L'ESTUAIRE DE LA GIRONDE 14

L'estuaire de la Gironde, la « bouche » de la France sur la carte, est le plus vaste d'Europe. Et pourtant, son patrimoine naturel est assez peu connu. Le temps d'une balade en bateau au départ de Bordeaux, d'une escapade sur une île depuis la citadelle de Blaye ou encore d'un *road trip* sur ses rives bordées de fleurs, de vignes et de carrelets, la destination est idéale pour mettre un peu d'eau dans votre vin de Bordeaux.

Citadelle de Blaye

1 Citadelle de Blaye✦✦✦

Parmi les traces laissées par l'histoire, la citadelle de Blaye rappelle que l'estuaire était une ouverture sur l'extérieur, et donc, par le passé, une véritable source de danger pour la ville tout entière...

Une architecture défensive

Protection militaire en amont de Bordeaux sous Louis XIV, réquisitionnée par les troupes allemandes durant la Seconde Guerre mondiale (on y trouve dans les souterrains des graffitis de femmes dénudées, souvenir que les soldats y laissèrent après un passage aux Folies Bergères...), elle est désormais le plus beau belvédère sur l'estuaire et s'offre aux promeneurs en toute quiétude. Vous serez à coup sûr émerveillé par le cachet de ce monument, qui est comme un village fortifié au sein même de

Carrelet

la ville. Au XVIIe s., Louis XIV demande à son ingénieur militaire Vauban de protéger les terres d'une éventuelle arrivée des Anglais par les eaux. La citadelle de Blaye, et avec elle le **fort Paté** et le **fort Médoc**, seront sa réponse, et tous trois forment le « **Verrou Vauban** » toujours royalement debout.

La citadelle

Elle est classée depuis 2008 au Patrimoine mondial de l'humanité par l'Unesco. Pour la découvrir, le mieux est de musarder de ruelles en vastes étendues d'herbe (idéales pour un pique-nique), et de s'offrir une visite guidée des souterrains (accessibles uniquement avec un guide). Bars et restaurants

Pause tapas : Cave de l'Estuaire

Poussez la porte et découvrez une vraie caverne d'Ali Baba dédiée aux épicuriens : une large sélection de vins à accompagner de tapas, de bons conseils et un excellent accueil. Pratique aussi pour préparer un pique-nique ou remplir votre valise de victuailles, car le lieu fait également épicerie fine.

104 ***1 bis, cours Vauban, Blaye • 05 57 33 04 18 • www.cavedelestuaire.com • Mar.-mer. et sam. 10h-12h30 et 15h-21h, jeu. 10h-12h30, ven. 10h-12h30 et 15h-22h.***

permettent de se requinquer sans quitter les remparts, et vous trouverez également des petites boutiques de déco. L'escapade est idéale avec des enfants, l'office de tourisme de Blaye ayant tout prévu pour les divertir tout en leur enseignant des tas de choses (énigmes, jeux de piste, etc.).

05 57 42 12 09 • www.bbte.fr • Accès à la citadelle gratuit t.l.j. • Visite guidée par l'office du tourisme de Blaye (rue du Couvent-des-Minimes) • Visite des souterrains : horaires variables selon l'année, consulter le site internet; 7,50 € • Des croisières depuis Bordeaux (p. 138 et 210) font escale à la citadelle de Blaye si vous ne souhaitez pas y aller en voiture (sinon, compter un peu plus de 30 min par la route) • Au départ de Blaye, balades commentées du Verrou : 24 € avec Bordeaux River Cruise; juil.-août le ven. (www.croisiere-bordeaux.com ; p. 138).

2 Îles de l'Estuaire✦✦

Dans un sens, l'eau salée danse au rythme des marées, tandis que dans l'autre, Garonne et Dordogne sont fort pressées de rejoindre l'Atlantique. Le mouvement de ces eaux fait apparaître et parfois disparaître des langues de terre au beau milieu de l'estuaire, et c'est une expérience hors du temps que de les visiter. Toutes ne sont pas accessibles, et les visites sont contrôlées car la faune et la flore y sont préservées. L'**île Nouvelle,** ouverte au public depuis peu, est notre favorite. Des animations gratuites ont été mises en place pour rendre accessible à tous cet espace naturel. L'**île de Patiras** et son phare « design », panoptique sur l'estuaire, se visitent au départ de Blaye et de Pauillac. On embarque avec un guide naturaliste pour au minimum une demi-journée. La plus étonnante est l'**île Margaux**, où l'on fait pousser de la vigne ! Culture biologique, il va de soi.

Île Nouvelle : *accessible par bateau du mar. ap.-m. au dim. au départ de Blaye, Cussac-Fort-Médoc, Bordeaux et du Pôle Nature de Vitrezay • Résa auprès des offices de tourisme (Blaye ☎ 05 57 42 12 09; Bordeaux ☎ 05 56 00 66 00; Pôle Nature de Vitrezay ☎ 05 46 49 89 89) ou auprès des bateliers (Bordeaux River Cruise ☎ 05 56 39 27 66; Cœur d'Estuaire ☎ 06 12 65 32 23) • Animations gratuites, seule la traversée par les bateliers est payante (13,50-25 €/pers.).*

3 Route de la Corniche✦✦

Si vous optez pour la voiture pour votre journée d'escapade aux abords de Bordeaux, les rives estuariennes offrent de très jolies échappées. Empruntez la route de la corniche fleurie entre Bourg et Blaye : nichée en bord d'estuaire, entre maisons de pêcheurs et pontons sur l'eau, elle sème tel un Petit Poucet des « fenêtres sur l'estuaire » tout au long du trajet (points de vue remarquables avec panneaux explicatifs), vous ne pourrez pas les louper.

4 Village de Bourg✦✦

Bourg est un village ancien qui porte encore l'accent médiéval. Vous aurez une vue imprenable

Port de Roque de Thau, sur l'estuaire

sur l'estuaire depuis la citadelle, ou attablé autour d'un bon verre de rouge à la toute neuve **Maison des vins**. Au détour de vos déambulations, vous croiserez un superbe lavoir couvert, ou encore des figuiers, à l'origine d'une légende avec le jeune Louis XIV (demandez une « figue de Bourg » à la pâtisserie, on vous la racontera). Aux abords du village, des carrières rappellent que la pierre de Bourg servit grandement à la construction de Bordeaux aux XVIIIe et XIXe s.

www.bbte.fr/village-ancien-bourg

5 Grotte de Pair-non-Pair✦✦

L'accès à la grotte est déjà un périple, et une fois à l'intérieur, l'histoire commence... Un guide vous parlera des 60 000 ans qui nous séparent des premières occupations du lieu, gravures sur les murs à l'appui. Vestige de la préhistoire, la grotte fut découverte en 1881 et constitue l'une des plus précieuses grottes ornées de cette époque dans le monde.

2, chemin de Pair-non-Pair, Prignac-et-Marcamps • ☎ 05 57 68 33 40 • www.pair-non-pair.fr • 15 juin-15 sept. : visites mar.-dim. à 10h, 11h15, 14h30, 15h30, 16h30 et 17h30; 16 sept.-14 juin : visites mar.-dim. à 10h, 11h15, 14h30 et 16h • Fermé 1er janv., 1er mai et 25 déc. • Entrée : 8 €, résa obligatoire.

6 Vignobles de Blaye et des côtes de Bourg✦✦

Un bel endroit où faire exprès de se perdre un peu pour rouler de château en château (p. 172). Les côtes de Bourg et de Blaye ont un côté authentique, familial, qui n'est pas pour déplaire : simplicité de l'accueil et rapport qualité/prix parmi les meilleurs si vous voulez rapporter une bouteille à vos proches. Voici nos coups de cœur... Le **château le Camplat** : on aime le sourire et la gentillesse de notre hôte, la sympathique Marion, qui prouve bien que la vigne n'est pas réservée à la gent masculine. Le **château des Tourtes** : en petit comité, la visite des chais (30 min) est gratuite,

L'estuaire de la Gironde

Garonne et Dordogne y mêlent leurs eaux pour prendre de concert la direction de l'Atlantique : l'estuaire de la Gironde a le calme d'un fleuve mais la largeur (jusqu'à 12 km) presque océanique de l'horizon. Sa couleur chocolat n'a rien à voir avec une quelconque pollution ou malpropreté, bien au contraire, il s'agit là des limons et sédiments remués par les mouvements de l'eau. Côté géographie, l'estuaire commence au bec d'Ambès et déroule environ 150 km de rives jusqu'au Verdon et à Royan, qui partagent la vue et l'accès à une légende des mers, le phare de Cordouan. L'estuaire nous parle encore de l'histoire maritime du département, car il fit de Bordeaux l'un des principaux ports de marchandises de France au XIXe s. Aujourd'hui, la plaque commerciale bordelaise s'est exportée en divers points de l'estuaire, et la navigation de plaisance s'est considérablement développée. Bateaux de croisière et petites embarcations permettent d'admirer de chaque côté carrelets, vignes médocaines ou blayaises, puis falaises à mesure qu'on remonte vers la Charente-Maritime. Et au milieu, ô surprise, une dizaine d'îles, dont certaines sont à explorer.

et le château propose des visites atelier-dégustation à thème. Le **château Nodot** : ici, on bichonne la vigne en famille et à l'ancienne ! Expérience incroyable à tenter en septembre : les vendanges médiévales. En costume d'époque, vous commencerez par récolter les grains à la serpette, puis vous partagerez tous ensemble un dîner sans couteau, ni fourchette, ni ketchup : uniquement des mets et ustensiles du Moyen Âge !

Château le Camplat : *2, le Camplat, Saint-Mariens • ☎05 57 68 51 90 • www.chateaulecamplat.com • Dégustation et visite gratuites sur rdv t.l.j. 9h-12h et 14h-17h.*

Château des Tourtes : *30, le Bourg, Saint-Caprais-de-Blaye • ☎05 57 32 65 15 • www.vignoblesraguenot.fr • Lun.-sam. 8h30-12h30 et 13h30-17h30 • Visites atelier-dégustation « étape gourmandise » 35 €/pers., « étape œnologique » 40 €/pers., 2 h.*

Château Nodot : *Ravion, Saint-Christoly-de-Blaye • ☎05 57 42 50 38 • www.chateaunodot.com • Visite du domaine et du musée de la Viticulture : t.l.j. 14h30-18h, 9 €, remboursé pour l'achat de 3 bouteilles/pers. • Vendanges médiévales 95 €.*

Village de Bourg

7 Route des châteaux du Médoc⁺⁺⁺

Empruntez la D2 en quittant Bordeaux (au niveau de Blanquefort) pour explorer, sur près de 60 km, les plus grandes propriétés du Médoc. C'est la plus belle route viticole du Bordelais (p. 173). Les panneaux joueront les tentateurs : château Latour ? Pichon-Longueville ? Mouton-Rothschild ? Margaux, Pauillac ou encore Saint-Estèphe ? Le parcours est long mais l'expérience le mérite. Nos coups de cœur architecturaux : le **château Beychevelle** et ses chais révélés par d'immenses baies vitrées, **Pichon-Longueville** au faciès digne d'un conte de Perrault, et le **château Loudenne**, l'original à la couleur rose.

Carte du vignoble disponible à l'espace Routes des vins de la Cité du Vin (p. 124) ou à l'office de tourisme de Bordeaux.

La Maison du vin de Pauillac met aussi gratuitement à disposition sur son site internet un circuit en voiture clé en main sur le thème architecture des châteaux (2h) • Également des circuits de rando disponibles • www.pauillac-medoc.com

8 Village de Bages*

La ville de Pauillac a récemment modernisé ses quais et offre une halte agréable que nous vous conseillons vivement. Mais notre coup de cœur va au village de Bages, juste à côté. C'est un hameau aux charmes rétro, reconstitué autour du célèbre **château Lynch-Bages**, avec sa boucherie traditionnelle, sa bonne table (Café Lavinal, 05 57 75 00 09 ; www.jmcazes.com/fr/cafe-lavinal), sa boutique déco. On peut même y louer un vélo pour parcourir le vignoble le nez au frais (attention cependant : si vous faites des haltes dégustation, n'oubliez pas de recracher, ce qui vaut pour la voiture vaut pour le vélo).

www.jmcazes.com/fr/village/destination-bages

Hôtels B&B

La Citadelle

Camping

En plein cœur de la cité de Blaye, ce camping situé dans la citadelle offre des emplacements ombragés.

La citadelle, Blaye • 05 57 42 00 20 • www.blaye.fr • Mai-sept. • 2 adultes : 19,50-30,50 €/j.

Château de Frédignac

Chambres d'hôtes

Aux portes de Blaye, vous êtes reçu par plusieurs générations qui travaillent sur cette propriété. Les chambres sont simples, et en période de vendanges l'odeur du raisin se répand dans celle juste au-dessus du chai...

7, rue Émile-Frouard, Saint-Martin-Lacaussade/Blaye • 05 57 42 24 93 • www.chateau-fredignac.fr • Chambres : de 61 à 66 €.

Château Haut Bourcier

Chambres d'hôtes

Accueil aux petits oignons ! C'est un jeune couple qui vous reçoit ici. Caroline est une viticultrice dynamique ; Yann, son mari, est un chef cuisinier de talent.

Le Coudonneau, Saint-Androny • 06 77 82 98 49 et 05 57 64 43 74 • www.chateau-haut-bourcier.com/Maison-de-Jean • Chambres : de 95 à 120 €.

SUR LES ROUTES DU VIN DE BORDEAUX

Difficile, avec 60 appellations réparties sur un si vaste territoire, d'établir un circuit unique réunissant l'essentiel du vignoble. Les professionnels de l'œnotourisme ont donc eu l'idée de réunir les châteaux et propriétés autour d'un label garantissant un accueil de qualité. C'est l'ensemble des prestataires détenteurs de ce label « Vignobles & Découvertes » qui forme les routes du vin de Bordeaux, réparties dans six secteurs géographiques. Suivez nos conseils pour partir en *road trip* dans l'un des plus beaux vignobles du monde !

Les plus urbains (10 min de Bordeaux)

À peine la ville laissée derrière vous, de très grands noms apparaissent, avec possibilité de visite : le **château Pape Clément** et le **château Haut-Brion**, à **Pessac.** Ce passage à Pessac sera aussi l'occasion de découvrir la **Cité Frugès**, dessinée par **Le Corbusier**, ou de prendre part à un atelier d'assemblage de cépages au **B-Winemaker (à partir de 49 €)**.

Graves et Pessac-Léognan (30 min)

C'est le berceau des vins de Bordeaux : les premiers ceps de vigne remonteraient au Ier s. ! Vous trouverez ici les plus prestigieux noms du vignoble bordelais. Nous vous suggérons de passer une nuit au cœur du vignoble, par exemple au **château Léognan,** qui propose de très jolies chambres d'hôtes et une table gourmande parfaite pour un dîner romantique. Dans le genre « en amoureux », on adore le **château Haut-Bailly** et ses apéritifs à l'« heure rose »

Le label Vignobles & Découvertes

Opter pour une visite-dégustation dans un lieu estampillé de ce label, c'est s'assurer d'être reçu dans des conditions vérifiées par des pros : sécurité, hygiène, rapport qualité/prix, offre correspondant à la description faite par le propriétaire... Outre la dégustation, ce label répertorie aussi des restaurants (accords mets et vins), du patrimoine remarquable dans les secteurs viticoles, des fêtes, des événements sportifs, des hébergements dans les vignes, etc.

Retrouvez et composez votre propre route des vins sur www.bordeauxwinetrip.fr

Château d'Yquem

(vin et tapas au soleil couchant). À Martillac, ne manquez pas de visiter le célèbre **château Smith Haut-Lafitte,** un bijou d'élégance où l'art a pris ses quartiers (visite-dégustation à partir de 19 €, excellent rapport qualité/prix). En face, faites-vous chouchouter au Spa des **Sources de Caudalie,** décliné autour du concept unique au monde de Vinothérapie® (soins aux pépins de raisin). Si vous poussez un peu plus, vous découvrirez le **château de la Brède,** où résida Montesquieu.

À moins d'une heure de Bordeaux

Sur la rive droite se trouve le charmant **vignoble de Blaye et Bourg** (p. 168) en bord d'estuaire. Ici, moins de grandes étiquettes, mais un accueil qui séduit tout autant, en premier lieu par son authenticité. Offrez-vous une journée vendanges si vous venez en septembre-octobre, l'expérience est géniale (vendanges, déjeuner 100 % terroir, visite des chais et de la propriété avec dégustation à partir de 39 €). Sur cette même rive, mais embrassé par la Dordogne, l'incontournable **Saint-Émilion** (p. 150) et ses abords en **Libournais, Pomerol, Fronsac.** Ce vignoble est plutôt concentré : pratique lorsque l'on a peu de temps et que l'on veut en voir un maximum (voir p. 162 pour plus de détails). Descendez un peu pour rejoindre le territoire très nature de **l'Entre-deux-Mers.** Abandonnez un temps le volant pour emprunter à vélo la voie verte entre vignoble, bastides, moulins et villages médiévaux. Traditionnellement, c'est avec un blanc sec de l'Entre-deux-Mers que l'on déguste les huîtres– il existe même, en décembre, un événement les mariant sur le bassin d'Arcachon (p. 219). Faites une dégustation à la Maison des vins puis visitez, juste en face, les vestiges à ciel ouvert de l'**abbaye de la Sauve-Majeure**, un endroit magique.

Le Sauternais (à 1h)

Le Sauternais est le paradis des « becs sucrés ». Parmi les visites à faire au moins une fois dans sa vie, le **château d'Yquem** est une référence. Un coût certain (60 €), mais quelques gouttes du plus grand des liquoreux sont un délice ! Profitez-en pour découvrir la région, où la vigne mord l'horizon à perte de vue : sublime et idéal pour un *road trip*. Le **château Rayne Vigneau** propose un atelier assemblage pour vous initier. Côté patrimoine, le **château de Roquetaillade** servit de décor à l'épisode 3 de *Fantômas* avec Louis de Funès et Jean Marais. Autre bijou : le **château de Villandraut.** On testera aussi sans complexe ni ambages l'esprit gascon, festif et canaille, de ce terroir qui est loin d'être guindé : gastronomie, foire aux fromages, marathon dans le vignoble, le Langonnais a la gouaille et l'accent chaleureux !

Le Médoc (20 min à 1h)

Si vous souhaitez ne pas trop vous éloigner de Bordeaux, optez pour l'un des excellents ateliers avec les « Médocaines », aux **châteaux Paloumey** et **du Taillan**. Mais nous vous conseillons vivement de pousser jusqu'à Pauillac et au-delà, en empruntant la D 2, qui voit défiler les **châteaux Beychevelle** ou encore **Pichon-Longueville.** D'autres pépites se trouvent sur le trajet qui mène à Pauillac, comme le **château d'Agassac,** qui organise des jeux de piste très bien ficelés destinés aux enfants. Une fois arrivé à **Pauillac,** vous constaterez que ses châteaux sont aussi nombreux qu'impressionnants. Notre coup de cœur va au **château Pedesclaux,** un bijou de modernité, dont les propriétaires sont de vrais personnages pour qui le mot « accueil » est sacré (visite 12 €). L'art est très présent en Médoc viticole ; des œuvres sont régulièrement exposées au **château Lynch-Bages** (Pauillac) et, plus près de Bordeaux, nous vous conseillons aussi une étape au sublime **château d'Arsac** avec ses murs bleus et son « jardin des sculptures », où vous croiserez des œuvres monumentales et déroutantes, de Niki de Saint Phalle et Jean-Pierre Raynaud, entre autres. Ce sera également l'occasion de découvrir la plus grande boutique-cave de France, la **Winery d'Arsac** et ses 1 200 références de vins du monde.

La vigne là où on ne l'attend pas !

Quatre endroits insolites où elle pousse :

- **à Mérignac. De quoi vous mettre directement dans le bain en arrivant à l'aéroport ;**
- **à Bordeaux, place de la Victoire (p. 81) ;**
- **à Blaye, au clos de l'Échauguette, en plein cœur de la citadelle. Ouvert au public à l'occasion des vendanges, participatives et ponctuées d'un bon repas vigneron ;**
- **sur l'estuaire, sur l'île Margaux (p. 167), où la vigne est bercée par l'ondée de la Gironde et la caresse du vent.**

ARCACHON ET LA DUNE DU PILAT

15

Arcachon a le charme suranné de ces stations balnéaires populaires qui marquent notre enfance : des churros trempés dans le chocolat, une glace au melon vite avalée avant de grimper dans la grande roue, l'odeur de la crème solaire... Au sud du Bassin, Arcachon est animée toute l'année : partez à la découverte de cette ville aux « quatre saisons », avec, en supplément, la rencontre avec l'un des plus beaux monuments naturels du département, la dune du Pilat.

Villa de la ville d'Hiver

1 Château Deganne✦

Comme toute ville thermale, Arcachon a son casino ! Si vous préférez lézarder sur la plage plutôt que de taquiner le jeton, admirez au moins ses extérieurs imposants et délicieusement kitsch. Deganne est le nom de famille de son propriétaire d'origine, qui fut maire de la ville quelques années après avoir fait construire cette réplique du château Boursault (Champagne) en 1853.

163, bd de la Plage • 05 56 83 41 44 • www.casinoarcachon.com • T.l.j.

2 Parc mauresque et belvédère✦✦

Mauresque, comme le style des villas de la ville d'Hiver (p. 177). On adore l'ambiance un peu rétro des lieux. Entre fleurs et allées ombragées, on se prend à rêver de la Belle Époque, quand les belles dames en crinoline déambulaient au détour du petit pont. En hauteur, la vue est imprenable sur la ville et sur la grande bleue. Le chemin qui y monte, depuis la ville d'Été, est adorable : de petits escaliers y mènent en douceur, mais si vous préférez, il y a un ascenseur. Juste à côté, si la vue depuis le parc ne vous a pas suffi, nous vous invitons à grimper encore plus haut, à l'**observatoire Sainte-Cécile,** étonnant belvédère sur la ville. L'accès est gratuit. La structure date de 1863, et on la doit à l'ingénieur Paul Regnault et à son assistant… un certain Gustave Eiffel ! On y accède par la passerelle Saint-Paul, un pont entre deux dunes, qui vaut elle aussi quelques enjambées de plus.

Passerelle Saint-Paul, passage de l'Observatoire • www.arcachon.com
Ascenseur du Parc mauresque : *pl. du 8-Mai • De mi-juin à fin août t.l.j. 7h-22h; sept. t.l.j. 8h30-22h; d'oct. à mi-juin t.l.j. 8h30-19h30 • Gratuit.*

Jetée d'Eyrac

3 Jetées Thiers et d'Eyrac⁺⁺

De là partent les navettes qui vous mèneront au cap Ferret juste en face, ou qui vous offriront l'une des balades les plus incontournables du Bassin (p. 211). L'ambiance rétro et surannée, appuyée par un vieux carrousel qui tourne tout l'été sur la jetée d'Eyrac, ravivera vos souvenirs d'enfance. La jetée Thiers est aussi un peu le Hollywood Boulevard des marins : 13 d'entre eux ont laissé une trace de leur pied dans le bronze, et les enfants s'amusent à comparer

Pause glace : Ô Sorbet d'Amour

C'est en 1935, sur le bassin d'Arcachon, au Moulleau, que l'histoire de cet artisan glacier a commencé. Plusieurs boutiques à Arcachon et dans les environs, dont une à Bordeaux. Plus de 100 parfums de glaces et sorbets différents, des plus simples aux plus originaux.

105 ***5, av. Notre-Dame-des-Passes • ☎ 05 56 54 52 16 • www.osorbetdamour.fr • Cornet 1 boule : 2,50 €; 2 boules : 4 €; 3 boules : 5,50 €.***

leurs empreintes avec celles d'Éric Tabarly ou d'Yves Parlier.

Navettes UBA : A/R Arcachon-Cap-Ferret dans la même journée 14 € • www.bateliers-arcachon.com • Horaires variables selon saison, consulter le site • Excursions : tour du Bassin, balade au coucher du soleil, visite île aux Oiseaux, croisière gourmande... • Tarifs variables selon la balade.

4 Front de mer et la « queue de la baleine »✦✦

En haute saison, c'est ici que se concentre l'animation. La plage d'Arcachon n'est pas la plus jolie du coin, car c'est la plus urbaine, mais le front de mer est plaisant avec ses restaurants ouverts tard le soir et sa voie piétonne où les joggeurs croisent les mangeurs de gaufres encore en maillot de bain… L'attraction, ici, c'est la sculpture insolite de l'artiste Emmanuel Janssens Casteels, qui laisse penser, depuis 2011, qu'une baleine se trouve sous les flots à quelques centaines de mètres de la plage !

5 Port de pêche et de plaisance✦✦

Vous êtes ici dans le quartier de la ville d'Automne, le quartier portuaire de la ville, ambiance pêcheurs. C'est le deuxième port de plaisance de la côte atlantique après La Rochelle : les bateaux remplacent progressivement les baigneurs sur la plage d'Eyrac, avec à son bout une vaste halle. La promenade commence par un ponton de bois où piétons et vélos se croisent en toute tranquillité. Le spot idéal pour un footing matinal. Si vous dormez sur place la veille, nous vous recommandons de vous lever avec le soleil pour l'incroyable visite de la criée, à 6h30.

6 Pointe du Monument des péris en mer✦✦

On la voit de loin : une immense ancre de marin trône aux abords de la capitainerie. Depuis 1960, elle rend hommage aux hommes de la mer que celle-ci a gardés pour toujours. De là, vous aurez un point de vue magnifique sur la ville.

7 Quartier ostréicole de l'Aiguillon✦✦

La plage de l'Aiguillon est toute petite ; c'est plutôt le charme authentique des cabanes ostréicoles que l'on appréciera ici. La plus connue est la cabane de l'Aiguillon. On vient y chercher huîtres et palourdes à emporter toute l'année, et aux beaux jours, sous la tonnelle, on vit d'amour, de blanc sec et d'huîtres fraîches.

Bd Pierre-Loti • 05 56 54 88 20 • www.lacabanedelaiguillon.com • Dégustation en terrasse : avr.-sept. 11h-19h ; vente à emporter : tte l'année t.l.j. 9h-21h.

8 Ville de Printemps✦✦✦

Si vous cherchez un peu de calme et de nature pour votre échappée arcachonnaise, c'est ici que nous vous conseillons de poser votre serviette ! La ville de Printemps est plus résidentielle, et vous permettra de profiter plus tranquillement du sable blond. Pas moins de 7 km de plage d'un bout à l'autre de la ville, et chacune a sa spécificité. Notre plage coup de cœur, la **plage des Abatilles,** est la plus étendue, mais aussi la plus nature, avec le **parc Pereire** qui s'étend derrière et propose promenades et activités sportives. La piste cyclable longeant le parc avec vue sur la plage sera l'un des plus beaux passages de votre

Arcachon : ville d'Hiver et ville d'Été

La ville d'Hiver est le quartier emblématique d'Arcachon, connu pour ses villas de style mauresque : il en compte plus de 300, au style bien trempé dans les palettes rococo du XIXe s. À la Belle Époque, c'est la mode pour les familles bourgeoises de Bordeaux d'aller prendre l'air iodé de l'Océan afin de se refaire une santé. C'est d'ailleurs toute l'origine de la ville : le tourisme thermal. Sur les hauteurs de la ville, les villas rivalisant d'ornements se multipliaient côté ville d'Hiver, tandis que côté ville d'Été s'installaient des établissements luxueux voués aux loisirs de cette clientèle. De ces deux quartiers naquit l'une des principales villes du Bassin.

balade. On retrouve un skate park et des jeux pour enfants, puis la **plage des Arbousiers** qui est THE repaire des amateurs de farniente en quête d'un peu d'ombre. L'endroit est idéal les jours de forte chaleur. Tout au bout de la plage, sur une petite place séparant le quartier d'avec le Moulleau, vous pourrez vous rincer les pieds sous une drôle de sculpture-douche en forme de main géante (A. Cameleyme).

9 Source des Abatilles✦

En 1923, on chercha du pétrole et on trouva... de l'eau! Pas de déception puisque celle-ci a de nombreuses vertus... Baptisée « Sainte-Anne » par l'ingénieur à l'origine de sa découverte Louis Le Marié, en hommage à la patronne de sa Bretagne natale, cette source fait partie des lieux insolites de la ville. Elle est ouverte aux visites uniquement le mardi et le jeudi; les autres jours, arrêtez-vous tout de même devant le bâtiment pour admirer la jolie fontaine (« buvette ») et ses mosaïques orange et bleu.

157, bd de la Côte-d'Argent • www.sourcedesabatilles.com • Mar. et jeu. 10h-11h30 (résa à l'office du tourisme d'Arcachon ☎05 57 52 97 97) • Entrée : 7 €.

10 Quartier du Moulleau✦✦

C'est ici que s'étend la dernière plage d'Arcachon. Sans être avare de petites boutiques, de bars animés et de restos gourmands, ce quartier est bienvenu pour se poser plus tranquillement qu'en ville d'Été et déguster une glace au Sorbet d'Amour (p. 175). On y admirera la très belle et surprenante église Notre-Dame-des-Passes, dont l'accès surélevé demande de gravir quelques marches mais renforce son imposant style oriental.

11 Dune du Pilat✦✦✦

Après avoir arpenté une Arcachon animée et bâtie, c'est à la Teste-de-Buch que vous devez vous rendre pour contempler l'un des plus beaux sites naturels de France : la dune du Pilat.

Patrimoine vivant

Grimper les 105 m de la plus haute dune de sable d'Europe tiraille un peu les cuisses (un escalier est installé aux beaux jours), mais le spectacle offert au sommet vaut l'effort… D'un côté, un océan de verdure : la forêt de pins s'étire vers l'horizon. De l'autre, la vue sur le Bassin mélange les teintes à la façon d'une aquarelle. Face à vous, la pointe du cap Ferret, et son phare perceptible par les yeux de lynx. En plein été, il faudra marcher un peu pour fuir la foule et savourer pleinement l'impression d'être en plein désert. Pensez à l'eau (pas possible d'en trouver là-haut), au chapeau et à la crème solaire : rien ne fait d'ombre à la belle saharienne dans ses hauteurs. En quête de fraîcheur, les plus courageux dévaleront son flanc pour faire trempette. Courageux, car si la descente donne l'impression d'avoir chaussé des bottes de sept lieues, la remontée est assez sportive !

Conseils de visite

Ne vous privez pas d'une visite guidée. Entre le parking de la dune et son sommet, vous trouverez des panneaux explicatifs rappelant que la dune est vivante. 4000 ans d'histoire n'ont pas tari sa beauté, mais il s'agit désormais de concilier sa protection avec le million de visiteurs qui viennent chaque année la fouler du pied. C'est le rôle du syndicat mixte de la Dune, qui propose diverses animations avec des guides naturalistes. Si possible, allez-y hors saison ; si votre week-end bordelais est automnal, ne vous privez pas de l'escapade : c'est l'époque que nous préférons pour apprécier

Dune du Pilat et banc d'Arguin

Arcachon à deux-roues

Allez à Arcachon en train et, à votre arrivée, louez un vélo afin de savourer l'air iodé ! Une piste cyclable très bien aménagée longe le front de mer de la pointe de l'Aiguillon jusqu'au Moulleau (plusieurs plages permettent de faire trempette). Les plus sportifs pousseront jusqu'à la dune du Pilat.

Env 8 km jusqu'au Moulleau, quelques-uns de plus pour la ville d'Hiver et les Abatilles, env. 15 km jusqu'à la dune.

Locabeach : *326, bd de la Plage • ☏05 56 83 39 64 • www.locabeach.com*

Dingo Vélos : *1, rue Grenier • ☏05 56 83 44 09 • www.dingovelos.com • Avr.-oct., t.j.j. 9h30-18h30 (9h30-19h juil.-août).*

pleinement l'immensité et les couleurs offertes par la dune.

Parking et point info : route de Biscarosse, La Teste-de-Buch • ☏05 56 22 12 85 • www.ladunedupilat.com • Accès à la dune gratuit à pied, à vélo ou si vous venez en bus ou bateau-bus • Parking : 6 €/4h (basse saison : 2 €/4h) • Avr.-sept. : nombreuses animations gratuites pour les enfants (rdv au point info) • Balades commentées gratuites de 1h : avr.-sept, dim. à 11h, sans résa; au coucher du soleil en compagnie d'un animateur nature : juin, ven. à 20h ; juil., lun. et jeu. à 20h; août, lun. et jeu. à 19h30; sept., ven. à 19h.

Restos Bistrots

Café de la Plage

Bistrot et resto 106 Plan p. 176

Institution locale située juste sur le front de mer. Un restaurant deux en un : côté Café de la Plage, salades ou tartines ou plateaux de fruits de mer pour un déjeuner rapide; côté Chez Pierre, cuisine tendance brasserie chic : thon grillé et fenouil confit au citron, entrecôte grillée…

1, bd Veyrier-Montagnères • ☏05 56 22 52 94 • www.cafedelaplage.com • T.l.j. midi et soir • Café de la Plage : salades ou tartines 17-18 €, plateau de fruits de mer 54 €; Chez Pierre : plats env. 28-34 €.

Club Plage Pereire

Cabane de plage

107 Plan p. 176

Vous rêviez de déjeuner les pieds dans l'eau… ils l'ont fait. Dès le début du mois de mai, vous pouvez vous y restaurer dans une magnifique cabane Bartherotte démontée chaque année pour l'hiver.

12, bd de la Mer • 05 57 16 59 13 • www.hotelvilledhiver.com • Avr-sept. : t.l.j. 12h-15h et 19h-22h • De 20 à 30 €.

Ha(a)ïtza

Gastronomique

108 Hors plan p. 176

Ha(a)ïtza, outre ses très belles chambres d'hôtel signées Philippe Starck, est une excellente table grâce au talent incontestable du chef Stéphane Carrade.

1, av. Louis-Gaume, Pyla-sur-Mer • 05 56 22 06 06 • www.haaitza.com • Dim.-ven. 19h30-23h, sam. midi et 19h30-23h • 2 plats 125 €; 3 plats 170 €; 4 plats 210 €; brunch dim. (11h30-16h) 54 €.

Bars, clubs Sorties

La Co(o)rniche

Terrasse

47 Plan p. 176

Aux beaux jours, on pénètre dans l'hôtel décoré par Philippe Starck avant de rejoindre le bar extérieur qui offre une vue époustouflante sur la dune du Pilat, le banc d'Arguin et la pointe du cap Ferret en face. Siroter un cocktail à l'heure de l'apéro au soleil couchant est un moment de pur bonheur ! Si vous souhaitez le prolonger, rendez-vous au restaurant (résa conseillée).

46 av. Louis-Gaume, Pyla-sur-Mer • 05 56 22 72 11 • www.lacoorniche-pyla.com • Bar extérieur : avr.-oct. 12h-2h • Verre de vin 6-13 €; cocktail 13-18 €.

Hôtels B&B

Le B d'Arcachon

Hôtel vue mer

Un hôtel avec vue sur l'eau (à préciser lors de votre réservation) et à quelques mètres de la plage. L'ambiance du front de mer est animée, mais l'insonorisation est assez bonne. Dans les chambres, un esprit océan élégant : les couleurs sont celles du Bassin (bleu turquoise, vert d'eau...). Un coup de cœur !

4, rue du Professeur-Jolyet • 05 56 83 99 91 • www.hotel-b-arcachon.com • Chambres : de 160 à 260 €; petit déj. : 20 €.

Shopping Cadeaux

Librairie Générale

Librairie

45 Plan p. 176

Cette librairie ancienne (90 ans !) a gardé tout son charme et propose une très grande variété d'ouvrages. Passez-y pour dénicher le roman que vous dévorerez l'après-midi sur votre serviette de plage.

49, cours Lamarque-de-Plaisance • 05 56 83 53 32 • www.librairiegeneralearcachon.blogspot.fr • Juil.-août : lun.-sam. 9h30-19h30, dim. 10h-13h, le reste de l'année : lun. 14h30-19h15, mar.-sam. 9h30-12h15 et 14h30-19h15.

EXCURSION EN BATEAU AU BANC D'ARGUIN

Entre le cap Ferret et la dune du Pilat, il est un lieu enchanteur : le banc d'Arguin. Aller y passer une journée, c'est la promesse d'un rêve éveillé. Au programme : virée en bateau, pique-nique et baignade, le tout face à la dune du Pilat. Mais attention, vous ne serez pas seuls en plein été à vouloir profiter de ce coin de paradis ! Préférez vous y rendre hors saison ou, à défaut, tôt le matin. L'idéal étant d'accoster sur le banc d'Arguin vers 9h30 et de repartir en début d'après-midi, lorsque tout le monde arrive.

Une réserve naturelle

Cette île désertique de 4 300 ha abrite néanmoins plusieurs espèces d'oiseaux, des coquillages, mollusques et insectes, ainsi qu'une végétation de type dunaire. Réserve naturelle depuis 1972, le banc d'Arguin est propice à l'**observation d'oiseaux** – sterne caugek, huîtrier-pie, courlis cendré ou barge rousse, pour ne citer qu'eux. Plusieurs espèces viennent s'y reproduire, hiverner ou simplement y faire escale lors des migrations.

En été, les bénévoles de la **SEPANSO (Association gérant la réserve naturelle)** vous accueillent sous une tente transformée en lieu d'exposition et d'observation ornithologique. C'est également le point de départ de visites guidées à la découverte de la faune et de la flore de ce site unique.

SEPANSO : *accueil de juil. à mi-sept. 10h-18h • www.sepanso.org • Contacter Céline Guevara, garde animatrice : 06 51 97 27 88 ; animation.rnnarguin@gmail.com*

Les possibilités pour s'y rendre

La plus chic

À bord d'une **pinasse** pour une croisière privée. Faite de bois, traditionnellement utilisée pour la pêche et l'ostréiculture, cette embarcation à voile et à fond plat est devenue une icône du Bassin.

Les Pinasses du Bassin : *06 88 08 32 94 • www.pinasse-bassin-arcachon.com • Départ d'Arcachon ou du cap Ferret • Croisière de 7h 650 € ou 4h 475 € ; 12 pers. max. • Programme sur mesure.*

La plus locale

Embarquez à bord d'un **chaland,** autre bateau ostréicole par excellence, conçu pour naviguer dans très peu d'eau et transformé en embarcation touristique.
Une idée de Vincent Réveleau, un enfant du Bassin issu d'une des plus anciennes familles d'ostréiculteurs. Vous profiterez non seulement du cadre idyllique, mais aussi des anecdotes racontées avec passion par votre skipper.

Balade sur chaland : *190, route du Cap-Ferret, Le Canon, Lège-Cap-Ferret • ☎ 06 58 82 27 57 • www.baladesurchaland.fr • Départ 8h-23h selon les marées • Plusieurs formules de balades de 2h ou 2h30 : à partir de 45 €/pers. ; 6 pers. min.*

Les plus économiques

Tous les jours en été ainsi que les week-ends de juin et septembre, des **navettes** assurent en 45 mn la liaison directe avec le banc d'Arguin depuis la jetée Bélisaire, au Cap-Ferret.

Navettes de l'UBA : *www.bateliers-arcachon.com • Départ à 10h et 11h15 juil.-août, 11h15 slt le w.-e. juin et sept. ; retour à 17h30 • Tarifs : 26 €/pers. l'A/R.*

Il est aussi possible de s'y rendre grâce aux **bateaux-taxi**, avec des lieux et des horaires d'embarquement et de débarquement plus flexibles (mais toujours en fonction des marées).

Bat'Express : *☎ 06 64 04 04 01 • www.batexpress.pro • Tarif : 33 €/pers. l'A/R.*

LE BASSIN D'ARCACHON

Entre Arcachon et le cap Ferret, par la terre ou par les eaux, il y a tout un monde à explorer le long des 80 km de côtes constituant le tour du bassin d'Arcachon, cette mer intérieure qui n'est pas tout à fait encore l'Océan. Les seuls mots d'ordre ici sont respirer et prendre le temps ! Ce cocon naturel préservé – le sixième parc naturel marin français – égrène 11 villes et villages sur son arrondi : Lège, Claouey, Le Four, Les Jacquets, Petit-Piquey, Grand-Piquey, Piraillan, Le Canon, L'Herbe, La Vigne et Cap-Ferret. Chaque étape est l'occasion d'une expérience et d'un paysage particuliers.

Les ports ostréicoles et le caviar

Il paraît que l'air iodé est bénéfique pour la santé. Nous n'avons pas vraiment cherché à vérifier la véracité scientifique de cet adage, car, dès le premier pied posé sur un port ostréicole du Bassin qui sent bon l'huître et la marée (si, si, ça sent bon !), les faits parlent d'eux-mêmes. Il y a bien sûr les **ports de la presqu'île de Lège-Cap-Ferret** (p. 196), ainsi que ceux d'**Andernos, Arès et Lanton** (p. 186), mais pas seulement. À **Gujan-Mestras**, les petites cabanes d'ostréiculteurs s'enchaînent dans un style dépareillé, tantôt branchées, tantôt *roots*, donnant au lieu un vrai cachet. On s'installe à une table de bois, sans chichis, pour plonger avec gourmandise dans un immense plateau d'huîtres – accompagnées d'une crépinette, ici ! – ouvertes par l'ostréiculteur qui vient de les rapporter sur sa pinasse. Le port accueille la Maison de l'huître, si vous souhaitez vous renseigner sur la perle du Bassin. Parmi les balades à faire, le **port de Biganos** est lui aussi un must. Ses cabanes colorées servent d'écrin aux bateaux et aux kayakistes. Tous les étés, l'huître est en fête sur le Bassin : les ports s'animent et deviennent, chacun leur tour, de vastes guinguettes où bandas et plateaux débordant de coquilles réunissent touristes et locaux. Mais l'huître n'est pas la seule star des eaux : **seiches** et

Port de Biganos

poissons s'offrent aux coups de fourchette des gourmands, ainsi qu'une autre « perle », le **caviar** ! Au Moulin de la Cassadotte (Biganos) et à l'Esturgeonnière (Le Teich), on élève l'esturgeon dans des conditions naturelles pour produire le caviar de Gironde et le caviar d'Aquitaine.

Le Bassin, réserve naturelle

Il n'y a pas que les huîtres qui sont précieuses sur le Bassin. Il y a aussi les prés-salés (130 ha classés zone naturelle d'intérêt écologique), marais maritimes endigués où l'on découvre aux côtés d'un guide naturaliste une faune et une flore cachées (laissez-vous guider par l'office de tourisme d'Arès ; idéal avec les enfants). Le Domaine de Certes et Graveyron ou encore le delta de la Leyre font se rencontrer les eaux et les territoires. Au **Teich**, le **parc ornithologique** est un bijou : 260 oiseaux s'y croisent chaque année en période de migration. Selon l'époque de votre week-end en terres bordelaises, renseignez-vous pour avoir peut-être la chance d'aller les observer (www.reserve-ornithologique-du-teich.com).

Comme une aquarelle...

Le Bassin est digne d'un tableau. Il a inspiré Manet (*Le Bassin d'Arcachon*, 1871), Bonnard, Toulouse-Lautrec et plus tard Cocteau, entre autres... Il est encore aujourd'hui une destination privilégiée des artistes en quête de repos et d'inspiration. Des bancs de sable se dessinent selon l'heure de la journée. On s'y baigne.
Mais le must est d'y naviguer le temps d'une balade en bateau. Un tour autour des célèbres cabanes tchanquées de **l'île aux Oiseaux** et une pause sur le **banc d'Arguin,** d'où l'on admire la dune du Pilat, constituent une visite en bateau incontournable s'il en est une. ■

ANDERNOS ET LE CŒUR DU BASSIN

16

Moins glamour que le Cap-Ferret ou que leur voisine Arcachon, Andernos-les-Bains et les communes du nord du Bassin ne manquent pourtant pas de charme et séduisent par leur authenticité et leur convivialité préservées. Entre forêt de pins, sentier du littoral, réserves naturelles et ports ostréicoles, la vie s'y déroule au rythme des marées. Sur les traces de Toulouse-Lautrec à Taussat ou de Sarah Bernhardt à Andernos, on se laisse porter par l'ambiance de ces stations balnéaires où le temps semble parfois s'être arrêté. À Arès, c'est une nature généreuse entre terre et mer qui s'offre au visiteur.

Andernos-les-Bains

1 Lanton✦

La commune de Lanton, sur la rive nord du bassin d'Arcachon, regroupe 4 villages (Taussat, Cassy, Lanton et Blagon), dont plusieurs sont dotés d'agréables ports. On flâne à pied ou à vélo sur le sentier du littoral, en admirant les belles villas du XIXe s., avant de piquer une tête dans le Bassin à marée haute.

À la découverte des trois ports

Au départ de Lanton, le sentier du littoral permet d'arpenter les ports de Cassy, Taussat-les-Bains et Fontainevieille. L'été et à marée haute, le petit **port de Cassy** fait le bonheur des familles avec son aire de jeu. On y croise aussi des restaurants, une poissonnerie ainsi qu'une ostréicultrice qui maintient son activité à l'année, même hors saison. À quelques centaines de mètres seulement se cache le vieux **port de Taussat-les-Bains**, créé au XIXe s. Pour plonger dans l'histoire et dans le patrimoine gascon, faites une halte ludique et pédagogique à l'**écomusée Gardarem** : plus cabane aux trésors que véritable musée, il renferme plus de 600 objets retraçant les métiers d'autrefois et permettant de remonter le temps. Idéal avec des enfants.

Écomusée Gardarem : *2, allée des Cabanes • 06 63 58 78 81 • www.gardarem.fr • Sam.-dim. 17h-19h • Accès libre.*

Les belles villas de Taussat

La balade se poursuit vers le **port de Fontainevieille.** Depuis la plage, on admire les belles villas de Taussat-les-Bains, construites à la Belle Époque (entre 1895 et 1914) et qui firent la renommée du village. Une fois dépassée l'entrée du port apparaît la **villa Sainte-Marguerite,** jadis propriété de la sœur de l'écrivain François Mauriac, aujourd'hui devenue maison d'hôtes. En chemin, impossible de rater les imposantes et majestueuses **villa Tosca** et **demeure Castel-Landou** (ou château de Taussat ou château Torre) qui dominent le Bassin, transformées pour l'une en hôtel de luxe et pour l'autre en centre de colonie de vacances. Plus discrète, la **villa Bagatelle** se targue d'avoir logé le peintre Toulouse-Lautrec. Chaque été, de 1895 à sa mort en 1901, le peintre passait deux mois chez ses amis Fabre, propriétaires de la villa. On dit qu'il fréquentait les cafés de Taussat accompagné… d'un cormoran, avec lequel il partageait volontiers son absinthe !

2 Andernos-les-Bains✦✦

La jetée la plus longue de France (232 m !), un panorama unique sur le bassin d'Arcachon, de grandes plages de sable fin, un charmant port ostréicole et des vestiges gallo-romains : la station balnéaire d'Andernos ne manque pas d'atouts. La grande actrice de théâtre Sarah Bernhardt, qui séjourna à Andernos durant la Première Guerre mondiale, ne s'y était pas trompée ; elle aimait ce « doux pays », « son ciel lumineux et son calme splendide ».

Pause gourmande : Chez l'Oncle Phil

À l'heure du goûter, on file sur l'esplanade de la jetée d'Andernos faire le plein de douceurs sur la terrasse de l'Oncle Phil : coupes glacées, pancakes et gaufres, sans oublier la spécialité de la maison, le pain perdu. Les plus raisonnables opteront pour un jus de fruits frais !

109 *5, av. du Général-de-Gaulle, Andernos-les-Bains • 05 57 76 07 70.*

Le port ostréicole

Commencez par une balade sur le port, véritable décor de carte postale avec ses 44 cabanes ostréicoles colorées. À chaque saison, il fait bon flâner sur ses quais, s'asseoir pour déguster quelques huîtres et profiter de la vue sur le Bassin. En juillet, le port s'anime à l'occasion de la Fête de l'huître, suivie en décembre par le festival Cabanes en fête (p. 219) : la star du Bassin vaut bien non pas une mais deux fêtes !

Pour en savoir plus sur la tradition ostréicole de la région, poussez les portes du **Petit musée de l'huître**, où un bénévole vous fera la visite.

Petit musée de l'Huître : *quai Lucasson, cabane 68 • Ouv. jeu. à partir de 10h30 en période de vac. scolaires • Entrée : 2 €.*

L'église Saint-Éloi et les vestiges gallo-romains

Ancien relais destiné à accueillir les pèlerins sur le chemin de Compostelle, l'église romane Saint-Éloi est l'un des plus anciens édifices religieux du Bassin. Allez jeter un œil aux peintures murales de la fin du Moyen Âge et du XIIIe s. On découvre, attenantes à l'église, les substructions d'une vaste villa gallo-romaine du IVe s., exhumée vers 1850.

La maison Louis-David

Idéal pour une pause arty et culturelle. Cette villa, baptisée

« Ignota », a appartenu à Louis Théodore David, maire de la ville de 1900 à 1929. L'homme de la transformation d'Andernos en station balnéaire, c'est lui ! Dès 1897, il obtint par décret du président Félix Faure d'ajouter le suffixe « les Bains » à Andernos, affirmant ainsi une volonté de développer le tourisme. Sa villa, à l'architecture balnéaire typique de la fin du XIXe s. et du début du XXe s., abrite le musée municipal qui évoque l'histoire d'Andernos à travers la préhistoire, l'Antiquité et le Moyen Âge. Également des expositions temporaires mettant à l'honneur les artistes locaux et régionaux.

14, av. Pasteur • Mars-oct. 10h-12h et 15h-18h • Accès libre.

Les plages

Les plages d'Andernos-les-Bains s'étendent sur plus de 5 km de sable fin et il y en a pour tous les goûts ! Si vous êtes en famille, optez pour la **plage du Betey,** son aire de jeux et son club de plage ; pour une ambiance sauvage, installez-vous aux **Quinconces** ; après une séance shopping, posez votre serviette à la **plage de la Jetée** ; enfin, si vous avez envie de calme et d'ombre, direction la **plage du Mauret.**

3 Arès✦

Elle a beau jouer la carte de la discrétion, elle ne passe plus inaperçue ! De par sa situation entre plages du Bassin d'un côté et, de l'autre, vagues de l'océan à quelques encablures seulement, la petite station balnéaire d'Arès est de plus en plus prisée par les vacanciers en quête de grand air et de balades dans une nature généreuse. Et pour un beau cliché souvenir, direction la jetée d'Arès – la plus ancienne du bassin d'Arcachon – qui servait jadis de quai d'accostage pour les pêcheurs.

Le domaine de Saint-Brice

Frontière naturelle entre les communes d'Andernos-les-Bains et d'Arès, le domaine de Saint-Brice (aussi appelé domaine

La pêche à pied

À marée basse, et plus particulièrement lors des grandes marées, la pêche à pied est une activité idéale pour toute la famille. Les petits chenaux *(esteys)* et les estrans de Lanton, Cassy, Taussat ou Andernos sont généreux en coques, palourdes, couteaux, crabes et même crevettes ! Avant d'aller patauger dans l'eau et dans la boue, n'oubliez pas de vous renseigner sur les horaires de marées et de vous procurer une réglette de mesure auprès des offices de tourisme, afin de respecter la taille des coquillages que vous pouvez pêcher. De même, préservez les ressources en prélevant seulement ce qui est nécessaire à votre propre consommation.

Balade d'Arès à Jane-de-Boy

Munissez-vous d'une paire de jumelles et partez en immersion dans cet environnement unique que sont les prés-salés. Le visiteur attentif observera, outre le lézard vert, de nombreuses espèces d'oiseaux (hérons, canards, courlis, gorgebleue à miroir), ou même la martre et la loutre s'il est chanceux. Depuis le port d'Arès, empruntez le sentier du littoral qui traverse la réserve naturelle des Prés Salés. Aux réservoirs à poissons encerclés de prairies d'un vert tendre succède, après le canal, un paysage plus aride. Faites une halte à la Cabane du résinier, qui abrite une exposition permanente donnant nombre d'explications sur les prés-salés. N'hésitez pas à vous adresser aux bénévoles : ils sont une mine d'informations sur les animaux, les plantes et l'histoire locale. Poursuivez votre chemin vers le point de vue et, après avoir observé la beauté du Bassin et les oiseaux, revenez sur le sentier, direction la plage de Jane-de-Boy : hors saison, vous aurez l'impression d'arriver sur une île déserte. Un enchantement.

Départ du port ostréicole d'Arès • 7 km et 3h aller-retour.

Association Cap Termer, la Cabane du résinier : *📞 06 28 41 03 98 • www.captermer.com • Mars-oct. • Accès libre • Organise aussi des visites guidées de la réserve.*

des Trois Eaux) est un espace propice aux grandes balades à l'ombre des pins, chênes, saules et trembles. Parmi les trois plans d'eau, l'un d'eux est toujours pourvu en eau, indépendamment des marées, ce qui en fait un lieu très apprécié des familles (et souvent bondé en été).

4 Réserve naturelle des Prés Salés✦✦

Le saviez-vous ? Les prés-salés ne représentent que 0,01 % de la surface de la Terre, et le nord du Bassin peut se targuer d'abriter plus de 200 ha de cet écosystème si particulier, soumis à la double influence des eaux salées (par le jeu des marées) et des eaux douces, qui proviennent des lacs médocains via le canal des Étangs.

Située à cheval sur les communes d'Arès et de Lège-Cap-Ferret, la réserve naturelle des Prés Salés regroupe également des dunes boisées, polders, prairies et boisements humides, le tout abritant une riche faune et flore. C'est la promesse de superbes balades à chaque saison : l'été, le paysage a des allures de savane, à l'automne, il se pare de couleurs chaudes, tandis qu'en hiver, on y observe des bernaches cravants et autres oiseaux hivernants. L'émerveillement culmine au printemps, lors de la floraison.

Restos Bistrots

Le Cabanon

Poissons 110 Plan p. 188

Une institution sur le port de Cassy ! Cette ancienne cabane d'ostréiculteur transformée en restaurant agardé son âme. On s'y régale d'huîtres accompagnées d'une terrine de campagne, mais aussi de poissons grillés, de préférence ceux du Bassin, (maigre de ligne ou mulet selon la pêche du jour). Mention spéciale pour l'accueil fait aux enfants.

Port de Cassy, Lanton • ☎05 56 82 99 54 • www.restaurantlecabanonlanton.com • Mar.-sam. 16h-23h, dim. 12h-16h; fermé déc.-janv. • Plats 15-25 €.

Villa Rad'O

Brasserie, brunch 111 Plan p. 188

Une grande terrasse sur la place d'Andernos avec vue sur le Bassin, une déco tropicale en rotin et un accueil ultra-chaleureux. Dans l'assiette, de généreux burgers ou de réconfortantes tartines, mais aussi, à l'heure du brunch, les incontournables toasts à l'avocat et œufs Bénédicte. Un sans-faute !

2, av. du Général-de-Gaulle, Andernos-les-Bains • ☎05 56 82 45 13 • www.villarado.com • Tte l'année mer.-dim. 9h-19h • Formule midi 16 €; brunch 18 €.

Fish Head

Poissons 112 Plan p. 188

À l'heure du coucher de soleil, on s'installe sur les canapés face à la plage du Betey autour de quelques tapas. La soirée se prolonge devant un maxi plateau de fruits de mer pendant que les enfants jouent sur la plage en attendant leur menu, avant d'y retourner, aussitôt leur boule de glace avalée ! Pour faire la fête et danser face à l'eau, ne ratez pas les jeudis du Fish Head (18h30-minuit).

1, promenade de la Piscine, Andernos-les-Bains • ☎05 56 82 32 24 • Mai-sept. : t.l.j. 8h-10h, 12h-14h et 19h-22h; oct.-avr. : mer.-dim. 8h-10h, 12h-14h et 19h-22h • Plats 22-27 €; menu enfant 11 €.

La Cabane du Bout

Poissons 113 Plan p. 188

Elle porte bien son nom… Au bout du port d'Arès, cette cabane et sa grande terrasse surplombant le Bassin sont une invitation à la rêverie. À marée basse ou haute, on est happé par l'immensité. Poissons et fruits de mer sont à l'honneur, et on peut même faire une folie locale en dégustant le caviar d'Aquitaine de la Maison Sturia.

Cabanes 1 et 2, rue du Port-Ostréicole, Arès • ☎05 56 60 92 29 • www.lacabanedubout.com • D'avr. à mi-nov. : lun. 12h-15h, mer.-dim. 12h-14h et 18h-21h30 (22h ven.-sam.) • Plats à partir de 20 €; plateau de fruits de mer 34 € • Résa obligatoire.

Port ostréicole d'Arès

VOIR AUSSI p. 195 :

Le Shed

Station des Gus – Cabane 21

Hôtels B&B

Villa Glen-Tara

Chambre d'hôtes

C'est la maison de famille qu'on aimerait tous avoir ! En plein cœur du village de Taussat et à 150 m de la plage, cette ravissante villa arcachonnaise du XIXe s. dispose de 5 chambres modernes et confortables. Michelle et Laurent sont aux petits soins et partagent leurs bons plans pour une balade à vélo ou en bateau, un massage ou simplement pour vous faire découvrir les environs.

1, pl. de la Chapelle, Lanton • 07 88 53 08 16 • www.glen-tara.com • Double 90-150 € (2 nuits min en basse saison et 3 nuits min en haute saison); petit déj. inclus.

L'Anderenis

Boutique-hôtel

Situé à quelques minutes de la plage d'Andernos, cet hôtel dispose de 15 chambres dont 4 suites décorées avec goût et dotées chacune d'une agréable terrasse, ainsi que d'une chambre conçue pour accueillir les personnes à mobilité réduite. Agréable piscine où se rafraîchir avant d'aller siroter un cocktail au bar Le Bérive, en profitant du coucher de soleil.

9, bd de la Plage, Andernos-les-Bains • 05 24 18 00 49 • www.landerenis.com • À partir de 260 €.

Shopping Cadeaux

L'Étoilier

Déco 46 Plan p. 188

Dans son adorable boutique, Isabelle, soucieuse de promouvoir des marques écoresponsables, fait aussi la part belle aux créatrices et créateurs de la région. On craque pour les bougies 100 % naturelles de la marque andernosienne So Bassin, les bijoux en céramique de l'Atelier de Soco ou encore les sacs ou housses de coussins faits main ornés d'emblèmes du Bassin, comme la pinasse ou les cabanes.

36, av. du Général-de-Gaulle, Andernos-les-Bains • 06 61 83 28 27 • Tte l'année mer.-dim. 10h30-18h.

Les Sens du Goût

Épicerie 47 Plan p. 188

Passage obligé pour se procurer le meilleur des produits locaux ! En vue d'un apéro 100 % girondin sur la plage, mettez dans votre musette quelques tartinades de légumes cultivés uniquement en Aquitaine, du foie gras au piment d'Espelette de la Conserverie du Bassin ou encore du mulet noir de chez Fumette, le premier fumoir artisanal du coin. Le tout arrosé de bière Mira, locale évidemment.

13, av. Pasteur, Andernos-les-Bains • 06 50 84 54 88 • Mar. 10h-13h et 15h-18h30, mer. 15h-18h30, jeu.-sam. 10h-13h et 15h-19h.

Activités Détente

Pêche à marée basse

À Arès, partez avec **Alexandre,** guide naturaliste qui connaît les *esteys* comme sa poche et qui, outre ses conseils pour la pêche, distille anecdotes et informations précieuses pour comprendre la fragilité de cet écosystème.

Mars-oct. • Tarif : 5 €, enfants 5-12 ans 2 € • Résa obligatoire sur le site de l'office de tourisme : www.ares-tourisme.com

En bateau avec un ostréiculteur

La **famille Roux,** c'est quatre générations unies par une même passion : l'huître du Bassin ! À Andernos, Jean-François et sa femme Alexandra proposent, en plus de la vente d'huîtres, de vous embarquer pour une journée inoubliable sur leur chaland, direction les parcs à huîtres. L'occasion de découvrir ce métier, mais aussi de voir le Bassin à travers les yeux de celles et ceux qui le connaissent mieux que quiconque.

Roux Frères : ***35, av. du Commandant-David-Allègre, Andernos-les-Bains • 05 56 82 17 98 • Tte l'année, sur résa.***

Sur les traces de Sarah Bernhardt

Chaque dimanche en été, la comédienne Béatrice Aragones organise une visite théâtralisée d'Andernos autour de Sarah Bernhardt. De son ancienne villa à la plage des Quinconces en passant par le port ostréicole, marchez sur les pas de la « voix d'or », comme la surnommait Victor Hugo.

Départ à 10h30 de l'église Saint-Éloi, Andernos-les-Bains • Juil.-août • Durée : 2h • Tarif : 10 € • Résa sur le site de l'office de tourisme : www.andernos-tourisme.fr

LE TOP DES CABANES À HUÎTRES SUR LE BASSIN

Indissociables du paysage, les cabanes à huîtres colorées et fleuries sont une véritable institution, le symbole d'un savoir-faire unique dans la région. Points de passage obligé des touristes à la belle saison, elles sont avant tout le lieu de travail des « paysans de la mer ».

Un peu d'histoire

Lorsque vous dégusterez votre douzaine d'huîtres, les pieds dans le sable, face au Bassin au soleil couchant, n'oubliez pas d'avoir une pensée pour Napoléon III. C'est lui qui, grâce aux travaux de recherche du naturaliste Victor Coste, contribua à l'essor de l'ostréiculture en promulguant en 1860 un décret impérial établissant le cadre réglementaire de cette culture naissante : emplacements des parcs, interdiction des clôtures, dimensions limitées à 4 ha, outils spécifiques, statut des professionnels. Alors, merci qui ?

On compte de nos jours près d'un millier de cabanes tout autour du bassin d'Arcachon, dont 81 dédiées à la dégustation d'huîtres sur place.

La Cabane des Kikouyou

Une cabane ostréicole n'est pas un restaurant

Afin de protéger l'activité principale, à savoir la production d'huîtres, l'activité de dégustation est strictement encadrée. Ainsi, dans une cabane à huîtres, vous ne pourrez manger que des huîtres crues produites par l'exploitation, et en complément du pâté, des palourdes du Bassin, des crevettes, des bulots et des bigorneaux cuits. Seuls deux crus de vin sont autorisés et toute autre cuisson est strictement interdite. Pour un café, passez votre chemin !

Nos cabanes préférées

Des huîtres, des huîtres encore des huîtres… mais aussi des vues exceptionnelles sur le Bassin. Une certaine idée du bonheur, en somme ! Pour l'atteindre, voici notre sélection de petits coins de paradis.

En pleine saison, appelez pour réserver et, hors saison, appelez aussi car les horaires peuvent varier et certaines cabanes être fermées.
Comptez, selon les établissements, 9-17 € la douzaine d'huîtres, 3,50-4,50 € le verre de vin, autour de 8,50 € l'assiette de bulots et 5 € le pâté.

Le Shed

On se croirait au bout du monde en arrivant au Shed. *Shed* signifie « abri » en anglais, clin d'œil à l'Australie où Nicolas et Magalie Checa, les propriétaires des lieux, ont passé 5 ans avant de revenir à Lanton pour lancer en 2020 leur exploitation et dégustation d'huîtres.

114 ***26, allée Robinville, Lanton • ☎ 06 37 20 94 12 • https://leshed.fr***

La Cabane des Vedettes

Après une baignade ou un tour de canoë, on s'arrête sur la plage de Claouey pour avaler quelques huîtres, avant d'embarquer (qui sait ?) avec l'équipe des Vedettes pour faire une virée sur le Bassin.

115 ***1, impasse des Réservoirs, Claouey, Lège-Cap-Ferret • ☎ 06 75 44 13 44 • www.lesvedettes.fr***

Station des Gus – Cabane 21

Bonne ambiance et convivialité pour cette cabane fleurie du port d'Andernos, où l'on déguste les huîtres de Joël Lahaye.

116 ***Port ostréicole d'Andernos-les-Bains • ☎ 05 57 70 29 12 • www.stationdesgus.fr***

Christophe Maleyran

Tout simplement les meilleures huîtres du bassin ! Un goût subtil, une texture charnue. À déguster sur les quelques tables posées devant l'exploitation de Géraldine et Christophe Maleyran sur la plage de Petit-Piquey.

117 ***32, impasse du Grand-Coin, Petit-Piquey, Lège-Cap-Ferret • ☎ 05 56 60 53 07.***

La Cabane des Kikouyou

On vient en tribu, en famille ou entre amis pour refaire le monde sur cette terrasse surplombant le bassin d'Arcachon. Mode vacances activé !

118 ***Av. de l'Herbe, L'Herbe, Lège-Cap-Ferret • ☎ 05 56 60 90 06.***

La Lagune Dégustation

Dans le quartier des pêcheurs au Cap-Ferret, cette cabane sans prétention offre l'une des plus belles vues sur la dune du Pilat, sous les palmiers et les pieds dans le sable. Que demander de plus ?

119 ***10, quartier des Pêcheurs, Cap-Ferret, Lège-Cap-Ferret • ☎ 05 57 17 23 60.***

LA PRESQU'ÎLE DE LÈGE-CAP-FERRET

17

Il y a deux camps : les amoureux d'Arcachon, estimée populaire, et les inconditionnels de Lège-Cap-Ferret, à l'allure sauvage et aux villas fastueuses. Vous n'êtes pas obligé de choisir : en un coup de bateau, on rejoint la presqu'île depuis Arcachon. C'est ici que vous trouverez parmi les plus beaux spots pour déguster des huîtres, avec vue et ambiance typiques, entre océan et odeur de pins. Attention à ne pas confondre Cap-Ferret et la presqu'île de Lège-Cap-Ferret : le premier est l'un des 11 villages de la seconde, qui s'étend sur 25 km ! Pour éviter les bouchons en été, venez jusqu'à Arcachon en train, prenez le bateau-navette et profiter du bout de la presqu'île à vélo.

Pointe aux Chevaux

1 Pointe du cap Ferret✦✦✦

Depuis Arcachon, le bateau vous dépose au niveau de l'embarcadère, jetée de Bélisaire. D'ici, vous pourrez contempler l'un des plus beaux panoramas du Bassin : au premier plan, les parcs à huîtres plus ou moins visibles selon la marée et quelques pinasses (bateaux traditionnels du Bassin) aux couleurs chaudes, et en arrière-plan, les dunes blondes qui s'étirent jusqu'à la plus haute, au Pilat. D'ici part une balade d'environ 12 km, à faire à pied, qui compte parmi nos coups de cœur : poursuivre le long du Bassin jusqu'à La Pointe pour découvrir le quartier ostréicole face à La Conche, puis arriver au belvédère de La Pointe, où l'Océan rencontre les eaux du Bassin, donnant à l'ondée des mouvements contradictoires. C'est surprenant ! Puis direction le chemin des dunes, entre sable et forêt de pins, avant de rejoindre le village de Cap-Ferret.

Antenne de l'office du tourisme de Lège-Cap-Ferret : 12, av. de l'Océan. Vous y trouverez un plan détaillé et des itinéraires complets de balade.

2 Phare du cap Ferret✦✦

Blanc et rouge, on le repère depuis Arcachon. Il abrite une exposition, et une fois ses 258 marches grimpées (53 m de haut), il offre une vue à 360° sur le Bassin. Dans le parc qui le borde, vous pourrez visiter un blockhaus (il y en a aussi sur la plage) construit en 1943 pour abriter les troupes de la Marine allemande : un vestige du mur de l'Atlantique.

4, promenade Tour-du-Phare • ☏ 05 57 70 33 30 • www.phareducapferret.com • Juil.-août : t.l.j. 10h-19h30; avr.-juin et sept. : t.l.j. 10h-12h30 et 14h-18h30; oct. : mer.-dim. 14h-18h; 1re quinzaine de nov. et de mi-déc. à mars : mer.-dim. 14h-17h • Fermé de mi-nov. à mi-déc., 25 déc. et 1er janv. • Entrée : 6 €.

3 Village de L'Herbe✦✦✦

Tout au long de ses 25 km, la presqu'île égrène ses quartiers ostréicoles, dont l'authenticité préservée vous surprendra. Parmi eux, le village de L'Herbe, l'un des plus beaux du Bassin. Ce sont d'abord des couleurs, chaudes et vives, apposées sur les cabanes de pêcheurs entre lesquelles on se balade dans d'étroites ruelles. Des parterres de fleurs viennent

Pause avec vue : La Cabane du Mimbeau

Face à la conche du Mimbeau qui s'allonge à quelques mètres, une terrasse esprit guinguette donne aux amateurs de fruits de mer l'impression de les déguster les pieds dans l'eau. À marée basse, le paysage prend un tout autre charme, et l'envie d'aller patauger dans le sable encore mouillé n'a d'égale que celle d'écouter des heures durant les ostréiculteurs vous parler de leur métier. En hiver, une salle au chaud offre le même panorama.

120 *28, av. de la Conche, Cap-Ferret, Lège-Cap-Ferret • ☏ 05 56 60 61 67 • www.lacabanedumimbeau.com • Été : t.l.j. 11h-22h; hors saison : w.-e., vac. scol. et j. fériés 11h-22h.*

ajouter à cette image digne d'une carte postale. On ira manger un poisson entier à l'Hôtel de la Plage (p. 201), l'excellente table des lieux, ou déguster encore et toujours des fruits de mer face à l'eau chez Émile et une Huître (76, av. de L'Herbe), ou à la Cabane des Kikouyou (p. 195). À voir absolument : la **chapelle de la villa algérienne,** à l'entrée du village (bd de la Plage). Toute rayée d'orange et de blanc, de style mauresque, elle fut construite en 1885 par Léon Lesca, riche promoteur, à son retour d'Algérie, en même temps qu'une villa aux mêmes charmes orientaux qui n'existe plus.

4 Le Canon et Piraillan✦✦

Une piste cyclable permet de passer de port en port, loin des voitures, au beau milieu de la forêt de pins. N'empruntez surtout pas la route si vous êtes à vélo, vous vous priveriez de cette balade parfumée. Parcourir les 25 km de la presqu'île serait compliqué en si peu de temps, aussi nous vous suggérons deux sites : une visite du **village du Canon,** autre port de pêche dont le charme authentique ne semble pas troublé par l'afflux touristique, et une visite du **réservoir naturel de Piraillan,** option nature totalement dépaysante et instructive si l'huître vous lasse. Au Canon, si vous avez du temps, embarquez pour une **virée sur le Bassin jusqu'au banc d'Arguin** en compagnie d'un ostréiculteur (p. 183).

Réservoir naturel de Piraillan : *www.lege-capferret.com • Visites guidées de mi-juin à mi-sept. mer. à 10h • Tarif : 4,50 €.*

5 Pointe aux Chevaux✦✦

Entre les villages de Petit et de Grand-Piquey, la pointe aux Chevaux est une avancée formant le passage le plus court entre la côte et l'île aux Oiseaux. Cet endroit était autrefois le lieu où les animaux, principalement les chevaux, transportaient le ravitaillement vers l'île pour les personnes restant à surveiller les parcs à huîtres. Les chevaux allaient à la nage, broutaient autour de l'île, et au retour ils rapportaient les huîtres sur la presqu'île. Pour profiter d'un superbe panorama sur le Bassin, prenez l'impasse du Grand-Coin à Petit-Piquey et montez les escaliers en bois (qui partent devant la cabane de Christophe Maleyran, voir p. 195). Une **vue magique** sur le Bassin vous attend.

Au sud de la pointe aux Chevaux, la **plage du même nom** est sûrement l'une des plus secrètes du Bassin, l'une des plus charmantes aussi avec ses petites cabanes posées sur la plage.

L'Herbe

La presqu'île du cap Ferret à vélo

Au cap Ferret, le vélo, c'est bien plus qu'un mode de transport, c'est un mode de vie. Il faut dire que les kilomètres de pistes cyclables et les paysages s'y prêtent parfaitement. Pour une journée décarbonée en toute liberté, enfourchez votre fidèle destrier ! Derrière l'office de tourisme de Claouey, empruntez la piste cyclable sur 4,5 km : vous traverserez des allées bordées de belles maisons avant d'atteindre le carrefour de Mailloulas, où vous prendrez à gauche direction la plage du Truc Vert. À partir de là, plus de 12 km de pistes se déroulent sous les pins jusqu'à la pointe du cap Ferret. Pour une première halte, direction la plage du Truc-du-Bateau : au panneau, laissez vos vélos puis continuez à pied dans le sable durant 5-7 min. La plage, quasi déserte (et non surveillée, attention), se mérite ! Après en avoir profité, repartez direction la plage du Truc Vert. Plus facile d'accès, surveillée et dotée de deux restos de plage, elle est très fréquentée l'été. Puis remontez sur votre petite reine pour filer au cap Ferret, direction Bélisaire, et arriver juste à temps pour prendre un verre au coucher du soleil.

VeloLoc 33 : *6, av. du Général-de-Gaulle, Claouey, Lège-Cap-Ferret • 06 82 86 82 02 • www.veloloc33.com • À partir de 18 €/j., enfant 13 € ; vélo électrique 32 €.*

Restos | Bars | Hôtels | Shopping | Activités

Restos Bistrots

Le Bouchon du Ferret

Poisson 121 Plan p. 198

Cette ancienne poissonnerie est une véritable institution locale à la décoration chaleureuse et soignée, il n'est d'ailleurs pas rare d'y croiser quelques people en vacances. Poissons et fruits de mer tout juste pêchés sont mis à l'honneur par le chef Éric Jolibois, passé par de belles maisons : couteaux à la plancha, sole meunière. Amis de la bistronomie, l'endroit est fait pour vous.

2, rue des Palmiers, Cap-Ferret, Lège-Cap-Ferret • 05 56 60 67 51 • T.l.j. 12h-15h et 19h-22h30 • Midi en semaine : 12-19 € (entrée), 20-27 € (plat), 7-10 € (dessert); sole meunière 38 €.

L'Escale

Brasserie 122 Plan p. 198

C'est dans un cadre exceptionnel, juste devant la jetée Bélisaire, qu'est située cette institution locale. À quelques mètres du Bassin et avec vue directe sur la dune du Pilat, vous vous régalerez de nombreuses spécialités locales (viandes et poissons à la plancha, huîtres...).

Jetée Bélisaire, Cap-Ferret, Lège-Cap-Ferret • 05 56 60 68 17 • www.lescale-restaurant.com • T.l.j. midi et soir • Formule midi 21 €; menu soir 36 €; plats 21-38 €.

L'Hôtel de la Plage

Brasserie 123 Plan p. 198

Cet hôtel-restaurant bourré de charme vous séduira grâce à son emplacement idyllique et son architecture traditionnelle.

L'Herbe, Lège-Cap-Ferret • 05 56 60 50 15 • www.hoteldelaplage-cap-ferret.fr • Fin mars-mai : mer.-sam. 12h-15h et 19h-23h, dim. 12h-15h; juin et sept. : mar.-dim. 12h-15h et 19h-23h; juil.-août : t.l.j. 12h-15h et 19h-23h; oct.-nov. : dim. et mar.-mer. 12h-15h, jeu.-sam. 12h-15h et 19h-23h • Plats 15-30 €.

VOIR AUSSI p. 195 :

La Cabane des Vedettes
Christophe Maleyran
La Cabane des Kikouyou
La Lagune Dégustation

Hôtels B&B

Ferret Vigne

Chambres d'hôtes

Depuis sa villa bien située, Cécile vous attend avec bonne humeur dans une ambiance chic et poétique. Le jardin romantique où des parterres de fleurs mènent tout droit à la piscine

L'Escale

et la déco à la fois vintage et exotique sauront vous séduir.

11, av. du Muscat, La Vigne, Lège-Cap-Ferret • 06 50 73 52 11 • www.ferretvigne.fr • Chambres (à partir de 12 ans) : 195-335 €; petit déj. : 19 €/pers.

Shopping Cadeaux

Dunes Blanches Chez Pascal

Pâtisserie 48 Plan p. 198

Bien sûr, il y a les huîtres et les cannelés, mais il ne faudrait pas passer à côté de la Dune Blanche, une chouquette garnie d'une crème légère et saupoudrée de sucre glace : tout simplement irrésistible ! Parfait après une balade à vélo, une session de surf, une baignade ou par pure gourmandise… Addiction garantie.

46, route du Cap-Ferret, Grand-Piquey, Lège-Cap-Ferret • 05 56 60 96 90 • www.dunesblanches.fr • T.l.j. 7h-19h30 • Chouquette fourrée 0,90 €/pièce • Autres adresses : au marché du Cap-Ferret; à Bordeaux, rue de la Vieille-Tour et à La Boca Food Court; à Arcachon, au Moulleau.

Activités Détente

Ferme ostréicole

Sylvie Latrille voue un amour communicatif à son métier. Plus qu'une simple cabane de vente-dégustation, son atelier est une vraie ferme pédagogique. Elle vous y apprend l'écaillage (ouverture des huîtres), propose un baptême d'huîtres à ceux qui n'y ont jamais goûté et que le produit rebute, ainsi qu'une visite de son exploitation pour voir comment sont cultivées ces dernières, ou des sorties en chaland à la marée.

La Cabane 57 : *40, rue du Littoral, Piraillan, Lège-Cap-Ferret • 06 13 29 87 60 (appelez pour organiser votre atelier) • www.lacabane57.com • Écaillage 9 €, baptême d'huîtres 7,50 €.*

Balade en compagnie d'un local

Qui n'a jamais rêvé de découvrir un lieu accompagné d'un ami qui habite sur place, partage ses bonnes adresses et vous emmène dans ses coins secrets ? C'est précisément dans cet esprit qu'Alain Boissière, Ferretcapien d'adoption depuis près de 20 ans, a monté **Cap Gourmand**. Il guide lui-même différents circuits à pied ou à vélo sur la presqu'île. Coup de coeur pour le *food tour* qui allie les plaisirs d'une balade entres dunes et pins, la découverte d'un village ostréicole et les plaisirs gourmands.

Cap Gourmand : *www.capgourmand.fr • Tarifs : à pied 40 €/pers., départ à 10h30 ou 16h30 selon les jours (consultez le calendrier de réservation) ; à vélo 50 €/pers., départ à 9h30 ou 15h selon les jours.*

ACTIVITÉS NAUTIQUES : TOUS À L'EAU !

Dans les eaux calmes du Bassin ou dans le tumulte des vagues de l'océan, toutes les occasions sont bonnes pour se jeter à l'eau. Sur une planche de surf, un paddle ou un kayak, faites le plein d'iode !

Surf

Avec ses 25 km de plages océanes, le cap Ferret est un paradis pour les surfeurs. Parmi les spots les plus connus, du nord au sud de la presqu'île, on trouve le **Grand Crohot**, le premier en arrivant de Bordeaux donc le plus fréquenté le week-end et en été ; le **Truc Vert**, à proximité du camping du même nom ; la **Garonne**, moins facile d'accès donc plus confidentiel ; la **Torchère**, sûrement le plus sauvage ; enfin le **Petit train** ou l'**Horizon**, le spot pour voir et être vu en train de se mesurer aux vagues !

Alex Surf : *75, bd de l'Océan, Cap-Ferret, Lège-Cap-Ferret • ☎ 06 47 35 34 84 • www.alex-surf-cap-ferret.com • Cours découverte 1h45 35 €, stage de 6 j. 180 €.*

Canoë et paddle

Les eaux paisibles du Bassin à marée haute se prêtent à merveille à la pratique du canoë et du paddle, pour des balades libres ou guidées d'1h à une journée selon votre niveau et vos envies. Avec de jeunes enfants, optez pour la balade en canoë qui mène de la jetée de Grand-Piquey à Claouey (1h30), ludique sans être trop exigeante physiquement.

La Cabane à Gliss : *15, av. du Port, Claouey, Lège-Cap-Ferret • ☎ 06 66 84 23 35 • www.lacabaneagliss.com • Juil.-août, t.l.j. ; mai-juin et sept., le w.-end. et sur résa en sem. • Paddle à partir de 15 €/h, canoë à partir de 20 €/h ; enfants à partir de 8 €.*

Voile

Passer des vacances au bord de l'eau, c'est aussi l'occasion de s'initier ou de se perfectionner à la voile en toute sécurité, avec des moniteurs diplômés.

Club nautique : *pl. Eric-Tabarly, Claouey, Lège-Cap-Ferret • ☎ 05 56 60 73 15 • www.cnclaouey.com • Cours à l'unité ou stage de 5 j. 175 € • À partir de 5 ans.*

Plongée

Il n'y a pas que des huîtres dans le Bassin, il y a des hippocampes aussi ! On y trouve même la plus grande concentration de France. Pour voir de près ces étranges créatures évoluant dans les herbiers, chaussez vos palmes et plongez en eaux pas si troubles que ça.

École de Plongée Hippo : *60, route du Cap-Ferret, Grand-Piquey, Lège-Cap-Ferret • ☎ 06 16 63 75 24 • www.plongeehippo.com • Mars-nov. • Baptême à partir de 85 €, exploration encadrée 68 € ; matériel inclus.*

ORGANISER SON WEEK-END

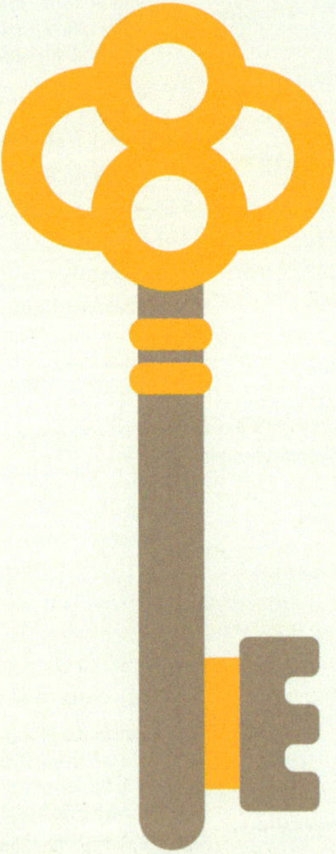

Le Canon, sur la presqu'île du cap Ferret

Quand partir ?

Climat

C'est entre mai et septembre que l'ensoleillement est maximal et que les températures sont les plus élevées (27 °C en moyenne en août). L'arrière-saison (jusqu'à octobre) est souvent très agréable avec de belles journées et des températures douces. Les mois les plus froids sont janvier et février, mais les températures descendent rarement en dessous de zéro. L'hiver est pluvieux, proximité de l'océan Atlantique oblige.

Quand visiter le vignoble ?

Toute l'année, les vignerons vous accueillent au domaine ; toutefois, il s'agit de prendre conscience du calendrier imposé par ce métier. Au milieu du printemps, la vigne est fleurie et bien verte, les balades sont très agréables et il y a encore peu de monde. En été, les viticulteurs pourront vous consacrer un peu plus de temps qu'en automne-hiver (vinification). Mais la période idéale est septembre, car les châteaux ne ferment pas pendant les vendanges et le vignoble est particulièrement animé : fêtes, vendanges participatives, ateliers... En plus de le découvrir dans ce qu'il a de plus vivant, vous déambulerez dans un paysage rougeoyant des couleurs de l'automne.

Arriver à Bordeaux

En train

La gare de Bordeaux Saint-Jean (plan D4) est à 2h environ de Paris en TGV INOUI : 19 allers-retours relient chaque jour la capitale française à la capitale girondine.

Rejoignez Bordeaux également depuis Biarritz ou Toulouse en 2h environ, Lyon en 4h45, Lille en 5h et Strasbourg en 5h30.

En voiture

Bordeaux est bien desservie par différentes autoroutes : l'A62 la relie à Toulouse, l'A63 à la frontière espagnole côté Pays basque, l'A10 à Paris et l'A89 à Lyon via Clermont-Ferrand. Attention à la traversée du pont d'Aquitaine ou du pont François-Mitterand les jours de grands départs.

En bus

Les compagnies **OuiBus**, **Flixbus** ou **IsiLines** permettent de gagner Bordeaux à des prix modiques (à partir de 19 €).

www.ouibus.com • www.flixbus.fr • www.isilines.fr

En avion

Bordeaux est accessible depuis de nombreuses villes de France et d'Europe en vols directs, opérés par des compagnies régulières ou low-cost.

L'aéroport de Bordeaux-Mérignac se situe à 12 km à l'ouest du centre-ville (sortie 11 B de la rocade, qui est souvent saturée, surtout aux heures de pointe).

www.bordeaux.aeroport.fr

Air France : *☎ 3654 (0,34 € TTC/min) • www.airfrance.fr*

Air Corsica : *☎ 0825 35 35 35 • www.aircorsica.com*

Chalair Aviation : *☎ 0892 70 04 99 • www.chalair.eu*

Volotea : *☎ 0899 23 20 50 • www.volotea.com*

Easy Jet : *☎ 0820 42 03 15 • www.easyjet.com*

Aller de l'aéroport au centre-ville

En navette

La navette 30' Direct dessert quotidiennement toutes les 45 min la gare Saint-Jean, en 30 min environ.

Résa : www.30direct.com • Aller simple : 8 €.

En bus

La ligne 1 du réseau TBM (Transport Bordeaux Métropole) permet de rejoindre la gare en 1h. Elle circule toutes les 10 min en semaine et toutes les 20 min le dimanche.

www.infotbm.com • Ticket : 1,70 €.

En taxi

Comptez minimum 35 min pour rejoindre le centre-ville de Bordeaux. Attention, ce temps de trajet est extrêmement variable en fonction de la météo et du trafic : ça peut aller jusqu'à 1h30 !

• Course : entre 30 et 40 € pour 35 min.

Se déplacer dans Bordeaux

Un conseil : pour visiter le centre-ville, laissez la voiture de côté ! Bordeaux est bien desservie par les transports en commun, le réseau de bus et de tramways couvrant l'ensemble des quartiers cités dans ce guide, et au-delà (Pessac, Talence, Mérignac-Aéroport, etc.).

Se repérer dans Bordeaux centre

Rive gauche et rive droite

Bordeaux s'est construite des deux côtés de la Garonne mais c'est rive gauche que se situent les quartiers historiques. Les deux berges sont réunies par plusieurs ponts (du nord au sud) : pont d'Aquitaine (hors plan par E1), pont Jacques-Chaban-Delmas (plan D2), pont de Pierre (plan C4/D4), pont Saint-Jean (plan D4-5) et pont François-Mitterand (hors plan par E5).

Le Triangle d'Or

Ce que les Bordelais nomment le Triangle d'Or est l'espace délimité par le cours Georges-Clemenceau (plan G6), le cours de l'Intendance (plan G7/H7) et les allées de Tourny (plan G6/H6). On y trouve la place Gambetta (plan G7), la place des Grands-Hommes (plan G6) et la place de la Comédie (plan H6-7). C'est l'endroit le plus chic de la ville.

La rue Sainte-Catherine

La rue Sainte-Catherine, la plus grande rue piétonne de France (1,2 km), relie la place de la Comédie (plan C3) à la place de la Victoire (plan C5).

Les portes

Vous entrerez dans le vieux Bordeaux via des portes. Deux d'entre elles sont les seules conservées de l'époque médiévale où elles faisaient partie des remparts de la ville : la porte Cailhau (plan C3) et la Grosse Cloche (plan C3). Les autres, en arc de triomphe, ont été construites par l'intendant Tourny et devaient ouvrir la ville vers l'extérieur : portes d'Aquitaine, Dijeaux, de la Monnaie et de Bourgogne.

À pied

C'est le meilleur moyen de savourer l'architecture de Bordeaux centre. L'hypercentre est majoritairement piétonnier et chaque 1er dimanche du mois, les Bordelais s'offrent un bol d'air pur grâce à la journée sans voiture.

À vélo

Avec des centaines de kilomètres de pistes cyclables, la capitale girondine et son agglomération se prêtent parfaitement à une exploration à deux-roues. Des **vélos en libre-service, les V3** (prononcer « V cube »), sont à disposition dans les 184 stations de Bordeaux et ses alentours, toutes équipées d'un terminal bancaire.

www.infotbm.com

En transports en commun

La ville dispose de 4 lignes de tramway circulant de 5h à 1h, de 80 lignes de bus et de 2 navettes fluviales **BatCub**, qui permettent de relier les deux rives de la Garonne en 4 min toutes les 15 min en heures de pointe (7h-19h30 en semaine), toutes les 45 min en heures creuses et le week-end (8h45-20h). Pratique pour faire fi des embouteillages !

www.infotbm.com

Bordeaux City Pass et tickarte

La **carte Bordeaux City Pass** combine un accès illimité aux transports en commun, l'entrée dans plus de 20 musées et bien d'autres avantages (voir tarifs p. 212). Sinon, le classique **tickarte TBM**, valable à la fois pour le bus, le tramway et le BatCub, est à usage illimité pendant 1h après la première validation et permet de combiner les différents moyens de transport. Son prix est de 1,70 € à l'unité, 13,70 € pour 10 voyages ; il existe aussi en version illimitée pour la journée (5 €) ou la soirée (2,60 €). Points de vente aux arrêts de tramway ou à l'espace TBM place des Quinconces.

Espace info TBM des Quinconces : *cours du XXX-Juillet (plan H6) • ☎ 05 57 57 88 88 • www.infotbm.com • Lun.-ven. 7h-19h, sam. 9h-19h • En été, vente de titres Transgironde (pour faire une virée à la plage ou dans le vignoble).*

En voiture

Sur le même système que le vélo V³, la **Bluecub** est une voiture électrique en libre-service.

Bluecub : *☎ 05 56 39 39 39 • www.bluecub.eu/fr*

Citiz Bordeaux fonctionne également sur le principe de l'autopartage.

Citiz Bordeaux : *☎ 05 56 31 10 66 • www.bordeaux.citiz.coop*

Vous trouverez la plupart des **grandes enseignes de loueurs de voitures** à la gare Saint-Jean et à l'aéroport.

Avis : *☎ 0820 61 16 74 • www.avis.fr*

Rent a Car : *☎ 05 56 33 60 75 • www.rentacar.fr*

Hertz : *☎ 0825 00 24 00 00 • www.hertz.fr*

En taxi

Taxi Télé dispose de plus de 120 taxis sur Bordeaux et sa région.

Taxi Télé : *☎ 05 56 96 00 34 • www.bordeaux-taxi.com*

En covoiturage

Un site pour trouver votre bonheur :

http://sedeplacer.bordeaux-metropole.fr/Auto-Moto/Covoiturage

Se déplacer dans les environs de Bordeaux

En tramway

Certains châteaux du vignoble de Pessac-Léognan, tels Haut-Brion et Pape Clément, sont accessibles par la ligne B du tramway.

Urgences

- **SOS Médecins Bordeaux :** ☎05 56 44 74 74.
- **Pharmacie des Capucins, ouverte 24h/24 :** 30, pl. des Capucins (plan C5).
- **Pharmacie de garde :** ☎32 37.
- **Objets trouvés :** 6, pl. Rohan (plan G7-8) • ☎05 56 44 20 18 • Lun.-ven. 9h-17h.
- **Urgences maritimes :** ☎196.

En train et en bus

Vous pourrez aisément aller en **train à Arcachon,** à **Saint-Émilion,** dans l'**Entre-deux-Mers,** jusqu'à Langon ou encore dans le Médoc. Une ligne de TER passe dans l'Entre-deux-Mers (jusqu'à La Réole) ou vous dépose en quelques minutes côté Pessac-Léognan à Cadaujac.

www.ter.sncf.com/aquitaine

Le réseau départemental TransGironde rend des **endroits reculés du Bordelais accessibles en bus** à moindre coût. Les billets sont en vente directement dans les cars ou dans les trois agences TBM de Bordeaux centre (Quinconces, pl. Gambetta et gare Saint-Jean). En été, les **bus plage** sont pris d'assaut : il est possible de réserver vos places en ligne (4,20 € l'A/R).

TransGironde : *☎09 74 50 00 33 • https://transports.nouvelle-aquitaine.fr*

En voiture

Saint-Émilion est à 50 min de Bordeaux via la N 89 et la D 1089. Pour rejoindre Blaye et sa région, empruntez la route de la corniche fleurie (D 669). Côté rive gauche de l'estuaire de la Gironde, prendre la D 2 via Blanquefort (la route des châteaux) ou la D 1215 via Castelnau-de-Médoc pour rejoindre la région de Pauillac. Le bassin d'Arcachon est à 1h Bordeaux par l'A 10 ou à 1h45 par l'itinéraire bis N 250.

En bateau

Au départ de Bordeaux

À la journée ou pour seulement 1 ou 2h, péniches et bateaux de croisière vont et viennent sur une Garonne de plus en plus fréquentée par les plaisanciers.

Bordeaux River Cruises : *www.croisiere-bordeaux.com*

Croisières Burdigala : *www.croisieresburdigala.fr*

Croisières Marco Polo : *www.marcopolo-bordeaux.com*

Crosières Royal : *www.royal-garonne.com*

Plusieurs compagnies organisent des croisières sur plusieurs jours permettant de découvrir la région par ses eaux (Garonne, Dordogne, Gironde ou estuaire).

Croisieurope : *www.croisieurope.com*

Aquitaine Croisières : *www.aquitaine-cruises.com*

Uniworld : *www.uniworld.com*

Viking River Cruises : *www.vikingrivercruises.com*

Scenic Luxury Cruises & Tours : *www.scenicusa.com*

Où embarquer ? Renseignez-vous sur le site Internet de chaque compagnie pour savoir de quel ponton partira votre bateau. La plupart des embarquements se font rive gauche, au niveau du ponton d'Honneur (quai Richelieu, plan I7), du quai des Chartrons (face au skate park, plan C2) ou de la Cité du Vin (plan D2). Rive droite, on embarque ponton de la Benauge (plan D4).

Dans les environs de Bordeaux
Le bac permet de **traverser l'estuaire** entre Blaye (rive droite) et le port de Lamarque dans le Médoc (rive gauche). Pour traverser avec une voiture, comptez environ 20 min (arriver 30 min avant le départ). Règlement sur place : 18,60 € en été avec une voiture légère (caravane et remorque : frais en sus).

https://transports.nouvelle-aquitaine.fr

Horaires des marées

Sur le bassin d'Arcachon, il faut toujours connaître les horaires des marées, qui déterminent ceux des balades en bateau.

www.arcachon.com/tourisme/horaires-de-marees/

Les navettes UBA assurent la traversée du **bassin d'Arcachon**. Embarquement à divers endroits dans Arcachon (jetées Thiers, d'Eyrac, Moulleau) et sur le bassin (Pilat, Andernos-les-Bains, Cap-Ferret, Bélisaire, Le Canon, Piquey). La traversée Arcachon/Thiers-Cap-Ferret/Bélisaire dure env. 30 min. et coûte 14 € l'aller-retour. Possibilité d'embarquer son vélo moyennant supplément.

www.bateliers-arcachon.com

Infos touristiques, visites

Offices de tourisme

Bordeaux Métropole

Les conseillers spécialisés vous aident à programmer vos visites guidées ainsi que vos escapades dans le vignoble, sans prendre la voiture.

12, cours du XXX-Juillet (plan H6) • 05 56 00 66 00 • www.bordeaux-tourisme.com • Sept.-juin : lun.-sam. 9h-18h30; juil.-août : lun.-sam. 9h-19h30; tte l'année, dim. et j. fériés 9h30-17h (18h30 mai-oct.) • Fermé 1er janv. et 25 déc.

Saint-Émilion

Des visites guidées à la découverte du patrimoine de la ville et, sur le site Internet, la liste des châteaux du vignoble ouverts chaque jour.

Le Doyenné, pl. des Créneaux • 05 57 55 28 28 • www.saint-emilion-tourisme.com • Horaires à consulter sur leur site Internet.

Tourisme et handicap

Trois plans en 3D pour les déficients visuels ont été installés dans Bordeaux : place de la Comédie (plan H7), place Jean-Moulin (plan G7) et porte Cailhau (plan I7).

Blaye

Pratique : il est au cœur de la citadelle ! Réservez vos visites pour explorer l'estuaire de la Gironde et le Verrou Vauban grâce aux conseils de spécialistes.

Rue des Minimes • ☏05 57 42 12 09 • www.bbte.fr • Juin-sept. : t.l.j. 10h-13h et 14h-18h30 ; mars-mai et oct. : t.l.j. 10h-12h30 et 14h-17h30 ; nov.-fév. : t.l.j. 10h-12h30 et 14h-17h • Fermé 1er janv. et 25 déc.

Arcachon

Passage obligé pour obtenir la carte des pistes cyclables. Plusieurs visites guidées de la ville sont organisée (dont une libre avec un audioguide).

Esplanade Georges-Pompidou (à côté de la gare) • ☏05 57 52 97 97 • www.arcachon.com • Juil.-août : t.l.j. 9h30-19h ; avr.-juin et sept. : lun.-sam. 9h-13h et 14h-18h, dim. 10h-13h et 14h-17h ; oct.-mars : lun.-ven. 9h-13h et 14h-18h, sam. 9h-13h et 14h-17h.

Lège-Cap-Ferret

La presqu'île est longue : vous trouverez un point d'information au niveau de l'embarcadère de Belisaire (av. de l'Océan), et l'office de tourisme au village de Claouey.

1, av. du Général-de-Gaulle, Claouey • ☏05 56 03 94 49 • www.lege-capferret.com • Juil.-août : lun.-sam. 9h-18h30, dim. 10h-13h et 15h-18h30 ; juin et sept. : lun.-sam. 9h-12h30 (11h mer.) et 14h-18h30 ; oct.-mai : lun.-sam. 9h-12h30 (11h mer.) et 14h-18h ; fermé sam. ap.-m. nov.-janv.

Musées

Bordeaux City Pass

Pratique pour enchaîner les visites de monuments et musées, et faire de sérieuses économies quand on est gourmand de patrimoine ! Disponible en version 1, 2 ou 3 j., ce pass donne accès à 20 musées et sites incontournables de la ville (et de certains lieux alentour), à des visites guidées, ainsi qu'à des tarifs réduits pour des excursions et croisières. Également inclus, le titre de transport TBM à la journée.

www.visiter-bordeaux.fr • Tarifs : 1 j. 29 €, 2 j. 39 €, 3 j. 43 €.

Visites guidées

Bordeaux historique

Idéal pour se plonger dans l'histoire de la ville et avoir un premier aperçu de son riche patrimoine. De la place des Quinconces aux quais, partez pour 2h de visite guidée organisée par l'**office de tourisme.**

Hall de l'office de tourisme, 12, cours du XXX-Juillet (plan H6) • Tlj à 10h30, rdv 10 mn avant le départ • Tarif : 12 €.

Comme Nantes ou La Rochelle, Bordeaux doit son essor et sa prospérité à la traite des esclaves. Une part d'ombre que la capitale girondine tente d'affronter depuis une vingtaine d'années. Ce devoir mémoriel, elle le doit en partie à l'association **Mémoires et Partage** qui organise des visites guidées faisant la lumière sur le passé de port négrier.

Associations Mémoires et Partage : ***☏06 58 93 36 38 • www.memoiresetpartages.com • Horaires et programme sur le site internet • Durée : 2h-2h30 • Tarif : 12 €.***

Bordeaux à vélo

L'office de tourisme propose une dizaine d'itinéraires à vélo

Trouver des infos

- Sur Bordeaux

www.bordeaux-tourisme.com
www.visiter-bordeaux.com
www.bordeaux.fr
www.unairdebordeaux.fr
www.vivrebordeaux.fr

- Sur les environs de Bordeaux

www.gironde-tourisme.fr
www.nouvelle-aquitaine-tourisme.com
www.lefestin.net
www.my-capferret.com

- Pour créer sa propre route des vins

www.bordeauxwinetrip.fr

accessibles à tous, pour découvrir l'ensemble de l'agglomération à son rythme et à sa guise. Une carte de ces balades est disponible à l'office de tourisme (p. 211) ou téléchargeable gratuitement sur le site :

www.bordeaux-metropole.fr

Sur le bassin d'Arcachon

Des visites scénarisées dans Arcachon sont proposées par l'association **Arc-en-Ciel.** Consultez l'agenda en ligne, car elles se renouvellent souvent.

Arc-en-Ciel : *252, bd de la Plage • ☏06 15 15 58 54 ou 05 56 54 56 24 • www.arcachon-arc-en-ciel.fr/activites*

Dans le vignoble

Osez pousser la porte des **Maisons du vin**, vous en ressortirez avec de précieux conseils ! Elles organisent des initiations à la portée de tous. Mention spéciale à celle de **Blaye**, à **Planète Bordeaux**, au cadre enchanteur de celle de **Bourg**, à l'incontournable **Saint-Émilion** ou à celle de **Pauillac** où des dégustations gratuites ont lieu l'été.

Les **châteaux** organisent des visites (souvent gratuites) ou des ateliers dégustation. Une belle expérience que la rencontre avec ces vignerons de propriétés souvent familiales ! Voir p. 171-173 pour la région bordelaise dans son ensemble, p. 162-163 pour le vignoble de Saint-Émilion et p. 168 pour le vignoble de Blaye et des Côtes de Bourg.

www.vin-blaye.com • www.planete-bordeaux.fr • www.cotes-de-bourg.com • www.pauillac-medoc.com

Où dormir ?

Que vous ayez un petit budget ou un portefeuille plus garni, vous trouverez votre bonheur parmi l'offre hôtelière bordelaise.

Dans quel quartier ?

Le quartier le plus élégant de Bordeaux, qui concentre les principaux attraits touristiques, est le **Triangle d'Or**. Les quartiers historiques de **Saint-Éloi, Saint-Paul et Saint-Pierre** conviendront aux romantiques, **Saint-Michel** à ceux qui souhaitent profiter de l'ambiance multiculturelle. Pour s'initier au vin, c'est aux **Chartrons** que ça se passe. Le quartier résidentiel **autour du Jardin public et de Saint-Seurin**, à l'écart de l'hypercentre, est calme et conviendra aux familles. N'hésitez pas aussi à loger sur la **rive droite,** à l'ambiance alternative. Dans ce cas, choisissez un endroit à proximité d'un arrêt de tramway, afin de pouvoir visiter facilement la ville.

Enfin, si vous envisagez de découvrir le **vignoble** durant votre séjour à Bordeaux, réserver une nuit sur place vous permettra de commencer vos déambulations œnotouristiques tôt le matin. Il existe de nombreuses offres de charme (très belles **chambres d'hôtes dans les châteaux ou au milieu des vignes**) à des prix accessibles.

Tarifs

À Bordeaux, beaucoup d'hôtels ou de **chambres d'hôtes** de cachet se situent dans la tranche 100-200 € la nuit. Pour des tarifs moins élevés, nous vous conseillons de traverser la Garonne et de dormir **rive droite,** en plein développement. Les petits budgets opteront pour l'**auberge de jeunesse** de Bordeaux (22, rue Barbey ; plan C5/D5 ; 25 € la nuit/pers.), voire pour le **camping de Bordeaux-Lac** (à partir de 70 € l'emplacement pour 3 nuits).

Réservation

Il est préférable de **réserver votre logement à l'avance,** notamment si vous venez lors d'un salon international ou d'un événement très couru. Dans ce cas, il est impossible de se loger à la dernière minute.

À Saint-Émilion, il existe le **Pass' Escapades,** une formule associant un hébergement à une offre restauration et à des visites. Toutes les informations sur le site : ***www.saint-emilion-tourisme.com***

Où manger ?

En pratique

Ici, on déjeune entre 12h et 14h et on dîne rarement avant 20h. Il est de bon ton de laisser un pourboire, mais ce n'est pas obligatoire. En fin de semaine, à partir du jeudi soir, il faut impérativement réserver car les bonnes adresses se remplissent très vite. Pour certaines d'entre elles, c'est même plusieurs semaines à l'avance qu'il faut s'en préoccuper. C'est le cas des établissements gastronomiques ou des restaurants

Info Covid-19

Compte tenu du contexte sanitaire, de nombreuses adresses sont amenées à restreindre leur ouverture et à s'adapter à la situation. Nous vous recommandons de vérifier leurs horaires sur leur site internet ou sur leur page Facebook.

dont la gamme de prix se situe aux alentours de 15-20 € le midi et de 30-50 € le soir. La cuisine créative et gourmande de ces établissements à l'offre intermédiaire est très plébiscitée.

Spécialités bordelaises

Les **cannelés** – gâteaux à la croûte brune et croustillante et au cœur doré et fondant, s'il est encore nécessaire de les présenter – sont à goûter impérativement. Les **cèpes de Bordeaux** sont aussi un des musts gastronomiques de la région. À la fin de l'hiver et au début du printemps, ne ratez pas les poissons de l'estuaire : l'**alose**, la **lamproie** et la **pibale** (ou civelle), qui est un alevin d'anguilles, aujourd'hui produit de luxe. Sans parler du **caviar d'Aquitaine** ! Savourez les **asperges du Blayais** (avril-mai) et les **huîtres d'Arcachon et du cap Ferret**, à déguster avec un vin blanc local, entre-deux-mers ou pessac-léognan. Dans les vignobles, testez le **tourin à l'ail** (soupe à base d'ail, d'œufs et de vinaigre) ou les **tricandilles** (tripes de porc en lamelles grillées à la poêle, avec ail et persil). Tentez l'entrecôte de **bœuf de Bazas à la bordelaise** (avec une sauce au vin), cuite sur des sarments de vigne. Côté douceurs, les **Sarments** et les **Noisettines du Médoc** le disputent aux **Dunes blanches** (chouquettes fourrées d'une crème vanillée) et aux **puits d'amour**.

Où sortir ?

Bordeaux est une ville qui bouge le soir, principalement à partir du jeudi, mais pas seulement. Les bars sont légion dans les ruelles des **quartiers historiques Saint-Paul et Saint-Pierre** ; n'hésitez pas à vous y perdre et à pousser les portes. Si vous recherchez une ambiance feutrée, deux options sont possibles : le **quartier des Chartrons** tendance bobo, ou le **Triangle d'Or** tendance chic. Pour vous déchaîner sur le *dancefloor*, rendez-vous au nord de la ville, du côté des **Bassins à flot**, ou au sud, **quai de Paludate**. Enfin, les abords de la **place de la Victoire** sont le rendez-vous des jeunes et des étudiants.

Réservations

Pour réserver un spectacle, connectez-vous sur le site de l'**office de tourisme de Bordeaux** et sur celui de la **mairie de Bordeaux.** Vous pouvez aussi vous rendre au **kiosque Bordeaux Culture** (p. 23 ; mar.-ven. 11h-18h30 et 2 sam./mois).

www.clubsetconcerts.com • www.bordeaux-tourisme.com • www.bordeaux.fr

Où faire du shopping ?

Les grandes chaînes et les enseignes internationales sont concentrées **rue Sainte-Catherine**,

rue Porte-Dijeaux et **rue des Trois-Conils**. Pour découvrir de petites boutiques de créateurs et de la mode un peu plus pointue, aussi bien masculine que féminine, c'est du côté de la **rue Saint-James**, de la **rue du Pas-Saint-Georges** ou de la **rue Notre-Dame** qu'il faut se rendre. Enfin, pour de la haute-couture et autres magasins de luxe, rendez-vous **cours Georges-Clemenceau**, **cours de l'Intendance** et autour du **marché des Grands-Hommes**.

Bonnes affaires

- Quai des Chartrons, dans les hangars 15 à 19, vous pourrez faire du shopping à **Quai des Marques** (plan D2), un ensemble de magasins d'usine. Le rabais promis est de 30 % minimum toute l'année et jusqu'à 50 % en période de soldes.
- Deux fois par an, en février et en juillet, se tient la **Grande Braderie** dans le cœur de Bordeaux. Une animation très prisée qui attire les amateurs de bonnes affaires de toute la région.

Se repérer

Chaque adresse est associée à une pastille de couleur numérotée :

- jaune pour les restaurants ;
- violet pour les lieux de sortie ;
- rose pour les boutiques.

Toutes les adresses sont positionnées sur les cartes et plans.

Marchés, brocantes et antiquités

- Le plus grand marché de Bordeaux, celui des **Capucins** (plan C5 ; p. 73), se tient tous les jours sauf le lundi (6h-14h en semaine, 14h30 le week-end). De grande envergure également mais beaucoup plus chic, le **marché des quais des Chartrons** (plan C2) s'installe le dimanche (7h-15h), ainsi que le jeudi dans sa version bio (7h-13h).
- Il existe d'autres marchés de quartier, plus petits : **place Pey-Berland** (plan G7 ; dim. 9h-15h), **place Canteloup-et-Meynard** (plan I8 ; lun. et sam. 7h-13h), **place d'Arlac** (rue Dupeux, plan B5 ; mar. 7h-13h), **place des Martyrs-de-la Résistance** (plan B3 ; ven.-sam. 7h-13h), **parvis Louis-et-Henri-Pouyanne** (166, cours de l'Argonne, plan B5 ; dim. 7h-14h), **place Gaviniès** (plan A4 ; sam. 7h-13h) et **allée Serr** (plan B3 ; ven. 14h-19h30).
- Le **Marché des Grands-Hommes** (plan G6 ; lun.-sam. 8h-19h), le **marché des Chartrons** (rue Sicard, plan C2 ; mar.-sam. 7h-13h et jeu.-ven. 16h-19h) et les **halles de Bacalan** (p. 127) sont des marchés couverts donc permanents.
- Le **Village Notre-Dame** (p. 115) séduira les amateurs d'antiquités, tandis que les **puces de Saint-Michel** raviront les chineurs le dimanche matin. Une fois par trimestre, opération « Grands déballages ».

Fêtes & festivals

Janvier-février

Rencontres du court

Des compagnies (danse, théâtre, cirque...) du monde entier se produisent à Bordeaux.

www.trentetrente.com

Mars

Carnaval des Deux Rives

Un défilé de chars décorés que les Bordelais, souvent déguisés, ne manquent sous aucun prétexte.

www.carnavaldesdeuxrives.fr

Avril

Escale du Livre

Rencontres avec de grands auteurs et découverte de nouveaux talents : Bordeaux se place sous le signe de la création littéraire.

www.escaledulivre.com

Mai

Foire internationale de Bordeaux

Curiosités, produits régionaux et du monde, objets insolites... Une ambiance rétro de foire universelle au Parc des expositions.

www.foiredebordeaux.com

Juin

Les Épicuriales

Des restos éphémères sont montés sur les allées de Tourny. Ambiance festive garantie.

www.epicuriales.com

Bordeaux fête le vin

Les années paires, le premier événement œnotouristique d'Europe : 2 km de stands sur les quais, son et lumière projeté sur la place de la Bourse...

www.bordeaux-fete-le-vin.com

Bordeaux fête le fleuve

Les années impaires, on fait sa fête à la Garonne, avec le départ de la célèbre Solitaire du Figaro.

www.bordeaux-fete-le-fleuve.com

Chahuts

Le festival des arts de la parole, pour libérer l'expression. Dans le quartier Saint-Michel principalement.

www.chahuts.net

Scènes d'été en Gironde

Jusqu'en septembre, théâtre, musique, danse : plus de 500 spectacles (la plupart gratuits) dans tout le département !

www.scenesdete.fr

Fêtes de l'huître sur le bassin d'Arcachon

De juin à août, quasi chaque week-end, les ports ostréicoles du Bassin sont en fête.

www.bassin-arcachon.com

Juillet

Dansons sur les quais

Swing, tango, salsa, hip-hop ou country, les bords de la Garonne à Bordeaux vibrent sous les pas de danse.

www.dansonssurlesquais.fr

Quai des sports

De mi-juillet à mi-août, 40 activités gratuites sont proposées aux enfants sur les quais des Salinières, de la Monnaie et Sainte-Croix.

Relache

De juillet à septembre, un festival itinérant et gratuit, qui égraine concerts et scènes ouvertes en plein air dans Bordeaux.

www.relache.fr

Un Été métropolitain

Les 28 communes de la métropole Bordelaise proposent de redécouvrir la ville sous des angles insolites : lectures dans le tramway, balades, concerts…

https://etemetropolitain.bordeaux-metropole.fr

Août

Septembre

Climax Festival

Début septembre à Darwin Écosystème, un festival hybride qui mêle débats-conférences sur le climat et concerts en plein air.

www.climaxfestival.fr

Festival Cadences

À Arcachon, pendant 4 j., des danseurs investissent les rues, les théâtres et les plages de la ville.

www.arcachon.com

Octobre

Fête du Vin nouveau et de la Brocante aux Chartrons

L'ambiance bohème du quartier est l'écrin parfait à cette ode aux petits derniers de Bacchus.

www.aquitaineonline.com

FAB

Bienvenue au Festival international des arts de Bordeaux, ex-Novart !

https://fab.festival bordeaux.com

Vibrations urbaines

Si vous êtes plus cultures urbaines que grands classiques, vous allez adorer cet incontournable de Pessac.

www.vibrations-urbaines.net

Novembre

Bordeaux So Good

Bordeaux sous l'angle de sa gastronomie : banquets dans des lieux emblématiques et ateliers culinaires.

www.bordeauxsogood.fr

Festival international du film d'histoire

Chaque année, Pessac met le 7e art à l'honneur via un thème.

www.cinema-histoire-pessac.com

Décembre

Bordeaux Tasting

Une centaine d'étiquettes (champagne, bourgogne, etc.) défilent durant 2 j. au palais de la Bourse.

www.terredevins.com

Marché de Noël

Dès le dernier week-end de novembre, place Tourny à Bordeaux, mais aussi dans l'ensemble du département. Mention spéciale à celui d'Arcachon.

www.marche-de-noel-bordeaux.com

Cabanes en fête

À Andernos, on marie l'huître du Bassin avec le vin de l'Entre-Deux-Mers.

www.andernoslesbains.fr

Vignobles en fête

En septembre-octobre, ce sont les **vendanges** ! Les châteaux sont en fête et organisent de nombreux événements. En appellation Blaye-Bourg, participez aux **Rendez-Vous vendanges** (au départ de Bordeaux ou directement dans le château ; www.bordeaux-tourisme.com). Vous pourrez aussi vivre cela sur l'autre rive avec **les Médocaines** (www.chateaupaloumey.com). Pensez également aux portes ouvertes dans le vignoble (www.bordeauxwinetrip.fr).

Marathon du Médoc : en septembre, à Pauillac, une course déguisée (42 km) dans ce vignoble parmi les plus prestigieux au monde.

www.marathondumedoc.com

Ban des vendanges de la jurade : en septembre, à Saint-Émilion, les jurats, drapés de rouge, défilent dans la cité médiévale. L'occasion d'introniser de nouveaux membres.

www.saint-emilion-tourisme.com

Portes ouvertes en Pessac-Léognan : en décembre, les châteaux de l'appellation comptant parmi les plus élégants, de Smith Haut-Lafitte au château Bouscaut, ouvrent leurs portes.

www.pessac-leognan.com

Printemps des vins : juin est aussi le mois des festivités dans le vignoble. La citadelle de Blaye accueille viticulteurs et animations durant tout un week-end. L'événement se tient aussi dans le Médoc, à Loupiac et à Lalande-de-Pomerol.

www.printemps.vin-blaye.com

Sauternes fête le vin : en juin, la version sucrée et gasconne de sa grande sœur bordelaise.

www.sauternes-barsac.com

INDEX

A

B

C

D

E-F

Index des balades et randos

G

H

I-J

K-L

M

N-O

P

Crédit photographique

Intérieur

Toutes les photographies de ce guide sont de **Patrice Hauser,** à l'exception des suivantes :

Adobe Stock : © ALF photo : p. 8 centre; © arcachonphoto.com : p. 1, p. 9 haut, p. 196 ; © François : p. 183 ; © saiko3p : p. 147.

Hemis : © Eric Bouloumie : p. 8 haut; © Franck Guiziou : p. 150 ; © Patrice Hauser : p. 9 centre, p. 186, p. 192, p. 194, p. 205; © René Mattès : p. 52, p. 127, p. 161 ; © Camille Moirenc : p. 9 bas.

Shutterstock : © Kiev.Victor : p. 112 ; © saranya33 : p. 7; © trabantos : p. 81.

Nous remercions les établissements suivants de nous avoir aimablement permis de publier leurs photos :

Culturespace © Anaka : p. 8 bas; **La Fabrique Givrée © Christophe Pubert :** p. 10 droite, p. 57; **Zéphirine © Owena Cabannes :** p. 11 droite; **Mint Bazar :** p. 56, p. 69; **Gustave © Hilaire :** p. 141.

Couverture

Bordeaux, le pont de Pierre © **René Mattès/Hemis**

Remerciements

Nous remercions pour leur aide précieuse :
Philippe Prévôt, responsable du service patrimoine à l'office de tourisme de Bordeaux et auteur du livre *Bordeaux secret et insolite*; Nicolas Martin (directeur) et Alaïs Perret (attachée de presse) de l'office de tourisme de Bordeaux; Olivier et Catherine, guides-conférenciers à Bordeaux; Émeline Azra (responsable communication) à l'office de tourisme de Saint-Émilion; Marie-Laure Hubert-Nasser (directrice de la communication) et Michèle Larue-Charlus (directrice générale de l'aménagement) à la Mairie de Bordeaux; Christophe Chateau (responsable communication CIVB); Jean-Marie Marco (directeur) de Gironde Tourisme; Mickael Rouyer (directeur) du syndicat viticole des côtes de Blaye; Nicolas Monseigne (directeur) et Élise Braconnière de l'office de tourisme de Blaye.
Et merci aux blogueurs, instagrameurs, facebookeurs, simples gourmands ou gourmets bordelais qui nous ont aidés dans la quête des meilleures adresses bordelaises.

Anne Lataillade

vit à Bordeaux avec sa famille. Passionnée de gastronomie et d'art de vivre, elle partage au quotidien et avec gourmandise ses recettes et ses coups de cœur avec ses nombreux lecteurs sur son blog, **Papilles et Pupilles.** Elle réunit dans ce guide ses meilleures adresses bordelaises.

Marion Zipfel

est une globe-trotteuse invétérée. Après Pékin, Singapour et Paris, c'est à Petit-Piquey sur la presqu'île du cap Ferret qu'elle s'est installée avec sa famille. Entre un plongeon à l'océan, un tour en paddle sur le Bassin et sa douzaine d'huîtres quotidienne, elle nous fait part de ses idées de balade, ses coups de cœur et ses bons plans.

Édition originale établie et augmentée par **Anne Lataillade** et **Anne Quimbre**.

Direction : Sidonie Chollet
Direction éditoriale : Cécile Petiau
Édition : Géraldine Péron
Suivi éditorial : Mélanie Rebillaud
Lecture-correction : Arianne Fort
A également collaboré à cet ouvrage : Marina Neveu
Cartographie : Frédéric Clémençon et Aurélie Huot
Fabrication : Liza Sacco
Conception graphique de la couverture, de la maquette intérieure et illustrations : Minsk Studio
Contact presse : rmazef@hachette-livre.fr • ☎ 01 43 92 36 66
Contact publicité et partenariats : partenariat-tourisme@hachette-livre.fr
Et tous nos remerciements à Antoine Béon pour son aide et son regard avisé sur la direction artistique de la collection.

Aussi soigneusement qu'il ait été établi, ce guide n'est pas à l'abri des changements de dernière heure, d'erreurs ou omissions. Ne manquez pas de nous faire part de vos remarques. Informez-nous aussi de vos découvertes personnelles, nous accordons la plus grande importance au courrier de nos lecteurs :
Guides Un Grand Week-end – Hachette Tourisme – 58, rue Jean-Bleuzen, 92170 Vanves
weekend@hachette-livre.fr

Édité par Hachette Livre (58, rue Jean-Bleuzen, CS 70007, 92178 Vanves Cedex)
Imprimé par Polygraf (Capajevova 44, 08199 Presov, Slovaquie)
Achevé d'imprimer : juin 2022
ISBN : 978-2-01-714018-4 • 15-1160-6
Dépôt légal : juin 2022 - Collection n° 31 - Édition : 01